AF346686

MÉMOIRE EXPLICATIF

DE

L'INVENTION DE SCHEIBLER.

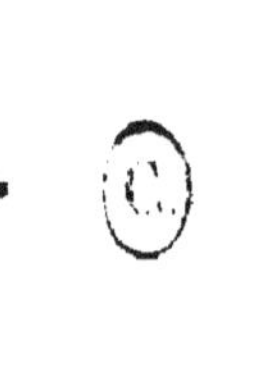

MÉMOIRES DE LA SOCIÉTÉ IMPÉRIALE DES SCIENCES, DE L'AGRICULTURE ET DES ARTS, DE LILLE.

MÉMOIRE EXPLICATIF

DE

L'INVENTION DE SCHEIBLER.

POUR INTRODUIRE UNE EXACTITUDE INCONNUE AVANT LUI, DANS L'ACCORD DES INSTRUMENTS DE MUSIQUE,

Par M. LECOMTE, Membre correspondant.

Séance du 5 octobre 1855.

LILLE,

IMPRIMERIE DE L. DANEL.

1856.

AVANT-PROPOS

ÉCRIT EN 1846.

Dans l'été de 1836, Scheibler, manufacturier en soieries à Crefeld, en Prusse, étant venu à Paris, s'occupa d'y faire connaître des expériences sur un point d'acoustique, expériences qu'il avait poursuivies pendant vingt-cinq ans, avec une patience infatigable.

Elles tendent à déterminer, avec une précision inconnue jusqu'ici, le nombre absolu des vibrations dans la production d'un son musical, pour en déduire un moyen pratique, neuf, facile et exact d'accorder les instruments.

Il se mit en communication à ce sujet avec notre professeur, M. Savart, avec M. Cagniard-Latour, et remit à M. Savart un mémoire qu'il désirait voir soumettre à l'Institut. Ces savants applaudirent au zèle de Scheibler, entrevirent quelque chose de bon et d'utile dans ses idées. Cependant M. Savart n'a pas donné suite à ce travail de l'amateur allemand ; au premier coup-d'œil il l'a trouvé obscur et, pour ainsi dire, inintelligible, et il n'a pas cherché à surmonter cette première et fâcheuse impression.

C'est que Scheibler, malgré la lucidité de ses idées pratiques, se montre d'abord, comme il l'avoue lui-même, entièrement étranger aux travaux antérieurs publiés par les hommes spéciaux en acoustique ; qu'il ne remonte à aucun principe de théorie suffisamment développé ; qu'il est dépourvu d'art et de méthode pour exposer ses idées, les enchaîner et conduire naturellement aux conséquences.

C'est ainsi qu'une chose bonne en soi peut demeurer enfouie sous le seuil du sanctuaire académique.

Tel est, en effet, le sort qui semblait être réservé en France aux idées que Scheibler a caressées pendant vingt-cinq ans avec une tendresse paternelle.

A défaut d'un rapport de l'Institut, il songeait à les publier à Paris, à l'aide de quelque personne assez zélée pour leur donner la forme convenable.

En conséquence, il tâchait d'exciter l'attention et la bonne volonté de quelques auditeurs, au nombre desquels nous nous trouvions. Mais l'entreprise était difficile; comprendre Scheibler, l'interpréter avec clarté, présenter sous un point de vue intéressant ce qu'il y avait d'utile et d'applicable, demandait du loisir, de la patience et du dévouement.

Cependant, assuré par le témoignage formel d'un habile facteur d'orgues, M. Aristide Cavalier-Coll, de l'efficacité et de l'avantage des moyens imaginés par Scheibler, et pouvant disposer d'un temps qui n'a rien de précieux pour la science, nous ne nous sommes pas découragé, et, dans le loisir de la campagne, en septembre 1837, nous avons entrepris, pour notre propre satisfaction, d'affronter la difficulté et de nous rendre compte de toutes les idées de Scheibler. Notre unique dessein était d'en extraire quelques matériaux pour des publications de théorie philosophique musicale, auxquelles notre coopération était parfois réclamée ou agréée. Un nouveau motif nous a confirmé dans ce projet de travail : Scheibler est venu à mourir bien prématurément, et nous ignorons sur qui repose désormais l'espérance qu'il avait conçue de faire connaître en France son invention. Du moins, ce que nous aurons fait pour nous pourra servir aussi à d'autres, si les circonstances le permettent.

Nous avions confusément entrevu, comme témoin, quelques-unes des expériences faites par Scheibler, nous avions entre les mains son dernier opuscule allemand imprimé; une feuille, aussi imprimée pour l'accord de l'orgue, enfin une suite de notes manuscrites, rédigées sans ordre ni méthode, mais accompagnées de tables soigneusement calculées.

Avec ces matériaux, et sans autre secours, il nous fallait d'abord bien entendre Scheibler, puis le traduire méthodiquement et *à la portée de tout le monde*. Car nous n'avons nullement la prétention de voir et rédiger les choses du point de vue élevé des professeurs ou de leurs disciples les plus avancés ; mais simplement comme il convient au temps actuel, où l'on désire savoir et comprendre d'une manière rationelle mais facile, et au moyen de raisonnements plutôt sentis que rigoureusement démontrés.

Quoique familiarisé avec les considérations philosophiques sur les échelles musicales, l'application des nombres aux sons, à leurs intervalles, aux divers tempéraments pour l'accord des instruments, il nous est arrivé aussi, comme au savant professeur déjà cité, d'être rebuté à la première tentative pour la lecture de Scheibler, et nous l'avons d'abord suspendue. Mais en y revenant avec patience, nous avons enfin reconnu que l'œuvre de Scheibler, dégagée de ses chiffres, pouvait être réduite à des idées simples ; nous avons vu encore que, si ces idées simples sont une conséquence directe des principes de la science déjà bien connus, cependant elles présentent un développement et un mode d'application qui semblent neufs.

Elles peuvent intéresser ceux des musiciens qui se plaisent aux spéculations philosophiques.

Quel plan adopter dans cette exposition ?

Irons-nous, simple commentateur, donner le texte de Scheibler pour l'expliquer et le développer dans le même ordre ? Nous avons cru devoir suivre une marche opposée.

D'abord, nous rendant indépendant, nous exposerons à notre manière, à partir des premiers éléments et sans supprimer aucun intermédiaire, toute la théorie telle que nous l'avons conçue, et nous indiquerons les principes d'application.

Puis, l'esprit ainsi préparé, nous suivrons pas à pas ce que nous possédons du travail de Scheibler, et, dans une discussion critique, nous montrerons ce qui lui appartient, ce que nous lui devons, et quel profit on en peut retirer.

Ainsi notre travail se compose de deux parties :

La première est une théorie élémentaire et complète pour notre objet·

La seconde est une exposition raisonnée des idées, des procédés et du langage de Scheibler (1).

Cette seconde partie se termine par le développement des applications à l'accord de l'orgue. Nous en avons détaillé et démontré les procédés, suppléé les raisonnements, et nous avons soigneusement travaillé les tableaux pour qu'ils portent avec eux leur explication.

Une minute informe de ce travail était écrite depuis dix années, sans que nous en eussions fait aucun usage.

Cependant, à l'âge où il est sage de faire ses dernières dispositions, nous avions jeté un dernier regard sur cet enfant abandonné et sans avenir, et nous voulions au moins le laisser en mains plus dignes, celles de M. le professeur Vincent, qui, outre sa spécialité en mathématiques et en archéologie musicale, se recommande à tant de titres.

La sagacité de M. Vincent eut bientôt reconnu l'originalité et l'importance des découvertes de Scheibler, surtout lorsqu'il se fut assuré que ces applications acoustiques étaient totalement négligées par nos professeurs. Il comprit que, dût la pratique ne jamais avoir lieu, la théorie, du moins, valait la peine d'être connue, et il se sentit porté à la reproduire dans l'une de ses fréquentes publications, toujours si bien accueillies des savants.

Dès lors, M. Vincent nous rendant le courage, conseilla, exigea que notre travail fût mis au net, nous offrant son concours et sa révision. Nous nous sommes abandonné à sa conduite, assuré de ne point faillir avec un tel soutien.

Bien plus, ayant appris qu'un facteur de pianos, habile et zélé, M. Wolfel, applique dans ses ateliers le procédé de Scheibler à l'accord de ses instruments, nous nous sommes empressé d'accompagner M. Vincent dans une visite aussi intéressante.

M. Wolfel a bien voulu satisfaire notre juste curiosité, et nous mon-

______

(1) Tel est, en effet, le plan que nous avions alors suivi pour cette seconde partie, mais dans la rédaction que nous donnons aujourd'hui, nous nous sommes gardé de le reproduire tel qu'il était alors.

trer comment , sans autre secours que les écrits insuffisan's de
Scheibler, et n'ayant pu, à aucun prix, se procurer à Crefeld les appareils nécessaires , il était parvenu lui-même, après deux ans de travail,
à construire et ajuster le *sonomètre complet* qui devait lui fournir les
autres éléments.

Cette rencontre de M. Wolfel a fait concevoir à M. Vincent l'espérance que si quelque artiste acousticien , intelligent et habile se met-
tait à fabriquer pour le public et à ajuster ces appareils délicats , on
verrait bientôt s'établir et se propager , comme chez M. Wolfel , une
méthode si avantageuse pour l'accord des instruments.

En effet , cette méthode est d'une exactitude inconnue jusqu'ici ;
elle se prête à tous les diapasons quelconques , à tous les systèmes de
tempérament ; enfin, elle n'exige aucune justesse d'oreille , car il suffit
que l'oreille entende et compte des battements fort sensibles , et que
l'œil en même temps suive et compte les mouvements du balancier métronome , sans qu'il faille s'occuper de comparer entr'eux les sons qu'il
s'agit d'accorder , ni même y faire la moindre attention (1).

SUITE DE L'AVANT-PROPOS,

écrite en 1856.

Telle est l'origine du *Mémoire* dont la science a été dotée par
M. Vincent , maintenant membre de l'Institut. Ce mémoire, de 63

---

(1) Pour être juste , dit M. Vincent dans son mémoire (page 4 du tiré à part),
il est nécessaire de rappeler que l'on trouve dans l'*Harmonie universelle* du P. Mer-
senne (liv. VI, *des Orgues*, p. 367) cette phrase remarquable : « Si l'on peut reconnaître ces battements (que font entr'eux les sons discordants) sans l'oreille ,
elle ne sera pas nécessaire pour accorder l'orgue. » Mais cela signifie-t-il que ,
pour bien accorder , il faut supprimer les battements , ou qu'il faut savoir les compter ? C'est ce qu'il paraît assez difficile de décider.

pages, avec 11 tables et 1 planche , est consigné dans les *Annales de chimie et de physique,* 3.ᵉ série , t. XXVI (1849).

M. Vincent se devait à lui-même d'y traiter ce sujet neuf , de son point de vue général , et comme œuvre de haute analyse. Nous n'entreprendrons pas d'en donner une idée ; il ne s'adresse qu'aux savants et ne peut être bien entendu que par eux. Le professeur *parle du haut de sa chaire (Qui potest capere, capiat).* De notre côté, nous disons: *Asseyons-nous sur l'herbe et causons.* Aussi n'est-il aucun rapprochement à faire pour la marche que chacun de nous a suivie, et nous ne nous rencontrons qu'au but final, l'accord de l'orgue , tableau de Scheibler.

Dans ce mémoire , page 7 , M. Vincent veut bien parler de la part que nous y avons eue. Nous étions alors éloigné de Paris , et nous protestons ici contre les termes trop flatteurs dont son amitié a voulu nous honorer. Nous n'avons nulle prétention au titre de *musicien*, tel qu'il nous qualifie , nous en connaissons trop bien les véritables conditions (1). Mais , dès long-temps , voué par goût et par intérêt pour nos enfants aux expériences pédagogiques, c'est seulement comme branche accessoire de la pédagogie que la musique a attiré et n'a cessé d'absorber notre attention.

Scheibler , ne pouvant se faire comprendre, était éconduit par les savants. *Sans nous* , dit M. Vincent, *le fruit des utiles recherches de l'ingénieux manufacturier , mort depuis , courait toutes les*

---

(1) Aux yeux d'un véritable artiste , un *musicien ,* ou du moins un *profond musicien ,* est exclusivement ou celui qui sait choisir, sentir et rendre avec un degré de perfection les œuvres des maîtres (c'est ce que l'on voit dans ces réunions de virtuoses chez M. Gouffé qui , par son généreux dévouement à l'art et à ses amis , donne un si bel exemple) , ou bien ce compositeur touché de la flamme divine , à qui il a été donné d'élever , d'émouvoir ou de charmer (le Gemüth allemand) la *moëlle de l'âme,* comme il en reste encore quelques-uns.

Quant à ceux qui font de la musique en prose littéraire , et , depuis que M. Fétis a ouvert la carrière , grâce à sa plume savante , ingénieuse et féconde , le nombre s'en est prodigieusement multiplié , ils peuvent se contenter du titre de *musicographes.*

chances possibles d'être oublié….. Nous avons su, dit-il encore , *le rendre parfaitement intelligible.* Ce témoignage nous suffit.

Il était loin de notre pensée que les humbles matériaux oubliés depuis vingt ans , et à la suite desquels M. Vincent avait construit un si bel édifice , dussent un jour reparaître sous notre nom.

Nous le devons à un ami de M. Vincent, correspondant de l'Institut , M. Delezenne, de Lille, professeur émérite, octogénaire (pourtant moins âgé que nous).

Dans un commerce de lettres qui , depuis quelques années , établit entre nous une double sympathie, nous lui avions communiqué les fragments incomplets de notre écrit sur Scheibler. C'est lui qui l'a jugé assez utile pour en réclamer la révision et la publication. Afin de vaincre nos répugnances, M. Vincent et lui , de concert , nous ont introduit , comme correspondant , dans la *Société des Sciences de Lille,* la plus ancienne de France.

Après un tel honneur , nous n'avions plus qu'à écouter la voix de l'amitié et de la reconnaissance.

Il n'est pas d'usage qu'une Société savante accueille dans ses publications des choses élémentaires et connues , telles que nous en avons écrites dans nos longs préliminaires. On a pensé qu'il fallait les souffrir là où elles sont nécessaires , sous peine de manquer le but d'utilité.

Si l'on nous reprochait de n'avoir fait usage d'aucun auteur français, nous dirions que , songeant uniquement à expliquer Scheibler et non à faire d'autres recherches , il nous suffisait , outre les étrangers que nous avons cités , d'avoir sous la main l'allemand Marpurg.

Le point capital de cette théorie spéculative est le phénomène des battements. Pour le rendre sensible, nous avons emprunté l'explication de Riccati, auteur déjà ancien. Est-ce bien là, en effet, le dernier mot de la science? L'hypothèse sur laquelle il se fonde est-elle encore admise ou déjà remplacée ? Nous ne nous en sommes point informé. Nous n'ignorons pas qu'il reste bien des doutes en cette matière (1).

---

(1) Nous avons entendu dire à Savart , en dehors de la leçon : *Prenez un livre de physique , ouvrez-le au hasard , et je me charge de démontrer qu'il dit une fausseté.*

Ce qui nous importe surtout, c'est de présenter à l'imagination une *cause* facile à saisir, d'où sortent naturellement les faits à expliquer. Riccati nous ayant paru remplir cette condition, nous n'avons pas cherché ailleurs (1).

Puissions-nous, par le présent travail, en provoquer un autre que nous réclamons, plus conforme aux intérêts de la science et de l'art pratique, et peut-être en avoir facilité la rédaction!

Il est un amateur laborieux et savant, sur qui nous fondons quelque espoir pour l'avenir de la science acoustique, principalement dans ses rapports avec la philosophie musicale.

----

(1) « La maladie principale de l'homme, dit Pascal, est la curiosité inquiète des choses qu'il ne peut savoir, et il ne lui est pas si mauvais d'être dans l'erreur, que dans cette curiosité inutile .... *Salomon de Tultie* dit que, lorsqu'on ne sait pas la vérité d'une chose, il est bon qu'il y ait une erreur commune, etc. »

Quel est donc ce *grand philosophe*, que Pascal, dans ce même article (17), vient de mentionner à côté d'Epictète et de Montaigne? L'un de nos académiciens a eu la patience de compulser des in-folio dans l'espoir de le découvrir quelque part. M. Havet connaissait trop bien son Pascal pour ne pas soupçonner la vérité : il lui a semblé que ce mystérieux philosophe n'était autre que Pascal lui-même (Pascal, Pensées, édition Havet, page 107), et aussitôt, sur ce trait de lumière, un Suisse met la chose en évidence, et, dans l'arrangement des 15 lettres des mots

<pre>
        S A L O M O N   D E   T U L T I E
        1.   3,   5.   7,   9,   11,   13,   15,
           2,   4,   6,   8,   10,   12,   14,
retrouve   L O U I S   D E   M O N T A L T E ,
        12, 4, 11, 14, 1, 8, 9.   5, 6, 7, 10, 2, 3, 13, 15
</pre>

le pseudonyme des *Provinciales*.

Il est heureux que la sagacité de M. Havet ait abrégé les recherches : car s'il avait fallu recourir aux combinaisons, de calcul en calcul, M. Vincent a prouvé que le temps nécessaire pour les écrire remonterait au-delà de la création, et que les volumes qui les contiendraient, rangés à la suite les uns des autres, occuperaient sur la surface du globe un espace de trois cents lieues.

Dans le choix de son philosophe, Pascal songeait-il à cet infortuné *Salomon de Caus*, qui a écrit sur les échelles musicales et la mécanique, que tout le monde croyait *fou*, parce qu'il avait toujours dans l'esprit et à la bouche les merveilles qu'enfanterait la puissance de la vapeur, et qui finit par le devenir, parce que personne ne voulait y croire?

Nous savions que M. Vanéechout, ingénieur de la marine, aux forges de Guérigny, s'était occupé des *battements*. Il nous en avait parlé, il y a plusieurs années. Au moment d'imprimer ce travail, nous l'avions prié de nous communiquer ses résultats, pour les mentionner ici. A son retour d'une longue mission à l'étranger, il a bien voulu nous donner un léger aperçu de ses expériences. Nous y voyons que, de lui-même, il était entré dans la meilleure voie des découvertes, et que, dans cette matière, que d'abord il avait trouvée *fort ardue*, non seulement il avait déduit d'une théorie exacte la règle qui, dans tous les cas, donne le nombre des battements, mais encore abordé des questions d'acoustique musicale d'un ordre bien supérieur.

M. Vanéechout, musicien dès la tendre enfance, et doué d'un sentiment esthétique exercé par l'étude assidue et raisonnée des grands compositeurs inspirés, pouvait, *sans danger*, appliquer à la musique cette faculté d'analyse qu'il possède comme géomètre, et composer une *Théorie de nos sensations musicales*. Il est à regretter que les fonctions importantes dont il est chargé ne lui laissent pas assez de loisirs pour la mettre au jour.

Dans chaque lieu de résidence, il savait former, avec des camarades, une espèce d'*orphéon* qu'il amenait promptement à l'exécution des grands chœurs de S. Bach, Hændel ou Marcello. Il nous a raconté qu'un jour, au psaume 17e, (*Diligam te Domine. (Jo sempre t'amero clemente e giusto Dio!)* ses choristes, exaltés par le pathétique de cette harmonie sublime, s'étaient arrêtés tout-à-coup, dominés par leur émotion, les yeux pleins de larmes.

A l'apparition de la symphonie en *la*, de Beethoven, et de cet *andante* empreint d'une tristesse navrante, on comprend que l'orchestre d'Habeneck ait arraché des larmes à tout l'auditoire. La douleur nous est familière! Mais, quand l'exécution d'une simple harmonie vocale, toute nue, par des choristes saturés d'algèbre, est ainsi interrompue dans les transports surnaturels de l'amour divin, voilà où se manifestent bien mieux encore le pouvoir de la musique, le génie de Marcello , ajoutons aussi l'influence d'un amateur tel que M. Vanéechout ! (1)

NOTE.

Pour mieux faire connaître ce que fut Scheibler et l'occasion de ses travaux acoustiques , nous rapporterons ici des fragments de son premier écrit, imprimé en 1834 , et dont nous n'avions pas connaissance en 1847. C'est ainsi qu'il débute :

« Ecrire avec clarté et brièveté sur un sujet scientifique , est un
» talent que je ne possède point et que je n'ai jamais recherché....
» Mais des amis qui jugent de mes travaux par l'utilité de leur ap-
» plication , prétendent qu'il vaut mieux les faire connaître que de les
» voir enfin se rouiller ainsi que mes fourchettes...

---

(1) L'intérêt aux questions d'acoustique musicale se réveillera plus vif à l'apparition d'un progrès qui va marquer , dans la science , une ère nouvelle et brillante. M. Lissajous , ancien professeur à Lille , et maintenant professeur de physique au lycée de S. Louis à Paris , trouve le moyen de manifester les vibrations des corps par l'apparition de points lumineux dont le mouvement décrit des lignes ou des figures que l'on peut d'avance prévoir et calculer dans leurs propriétés géométiques.

Par exemple , plaçant deux fourchettes (*diapasons*) l'une dans la position horizontale , l'autre dans la position verticale , de manière toutefois que les plans des quatre faces soient parallèles entr'eux , chacune d'elles munie , à l'extrémité d'une de ses branches , d'un petit miroir métallique , si , dans l'obscurité , on dirige un rayon de lumière sur l'un des miroirs , le point lumineux se réfléchissant sur l'autre miroir vers lequel une lunette est braquée, on y verra l'effet de toutes les espèces de vibrations simultanées.

L'unisson s'annonce par une ligne droite ou une ellipse. L'octave , la quinte , la quarte et les autres consonnances se peignent par des courbes et des figures régulières et qui se compliquent à mesure que le rapport des deux sons est moins simple. Ces figures apparaissent dans une immobilité parfaite si la consonnance est exacte , et elle fournit immédiatement l'indication précise des deux termes du rapport des nombres de vibrations correspondant à la consonnance.

Quand la consonnance n'est qu'approchée , la figure se modifie ; elle est animée d'un mouvement de rotation qui la fait, comme si elle était décrite à la surface d'un

» Si l'on me trouve obscur , difficile à comprendre , je me console
» comme cet individu dont personne ne pouvait déchiffrer l'écriture
» et qui disait : *J'ai appris à écrire , apprenez à me lire.*

» Celui qui trouvera que j'en vaux la peine , apprendra aussi à
» me lire et à m'entendre...

» Vers l'année 1812 ou 1813 , un artiste se faisait entendre sur
» deux *maultrommeln (tambours de bouche ,* la rustique *guim-*
» *barde).* Je lui arrangeai son appareil pour dix ou douze de ces in-
» struments , afin de donner plus d'étendue à sa musique ; et moi-
» même peu à peu je m'en ajustai un de vingt , disposés sur deux
» disques, l'un pour la main gauche, l'autre pour la main droite , afin
» de pouvoir jouer dans tous les tons. C'est par là que j'appris à
» connaître l'insuffisance des diverses manières usitées dans l'accord

---

cylindre tournant sur son axe , apparaître sous toutes ses projections. L'altération
la plus imperceptible trouble subitement la fixité de la figure.

Voilà donc pour constater le rapport de deux fourchettes vibrantes et saisir le
point mathématique de leur parfaite exactitude , un moyen nouveau ; mais il ne
fournit aucun secours pour la pratique dans l'accord des instruments , et là, Scheibler
n'a pas encore de rival.

Bien plus , M. Lissajous réussit à montrer en grand, dans l'amphithéâtre de la
Sorbonne , ces merveilleux résultats.

Nous indiquons légèrement ces expériences que nous avons à peine entrevues il y
a peu de jours.

La science est à son début, qui peut en dire l'avenir et les conséquences !

Scheibler aussi connaissait un moyen facile de rendre sensible à la simple vue
l'effet simultané des vibrations.

Deux fourchettes étant placées sur la même ligne , si l'on joint leurs extrémités
voisines par un léger fil d'argent, voici ce qui arrive : Dans le cas des sons voisins
de l'unisson, la vibration imprime à ce fil des mouvements qui dépendent de la
nature des ondes sonores. Le moment de force ou le battement se manifeste par une
courbe supérieure , et le moment de faiblesse par une ligne droite. Dans le cas de
consonnances , il en résulte des figures courbes à lignes multiples dont le nombre
dépend de la nature de la consonnance , et la figure régulière se fixe , immobile et
brillante , quand la consonnance est dans toute sa pureté.

Cette expérience physique, dit-il , est étrangère à l'objet dont je m'occupe.

» des instruments. Je croyais que le monocorde me conduirait infail-
» liblement au but... »

Il mentionne ensuite les milliers d'expériences et de calculs auxquels il se livre pendant plusieurs années sur dix ou douze monocordes, partagés en 400,000 parties, pour fixer la position de son *la* diapason de quatre battements par seconde, tant en dessus qu'en dessous, ainsi que la position des autres sons de l'échelle, d'après laquelle il ajuste une échelle de fourchettes.

Pour corriger les fautes qu'il reconnaissait à cette échelle, il s'en fabrique une autre de sons accessoires, intermédiaires, chacun à quatre battements de distance

Il éprouvait, et tout autre éprouvait comme lui, une pleine satis-faction à l'accord donné aux instruments au moyen de ce monocorde de fourchettes rectifié, mais pourtant il n'osait s'y fier entièrement, puisque ses résultats n'étaient point constants. Quand il trouvait, à l'un des monocordes, qu'une fourchette était trop haute, un autre monocorde la faisait paraître trop basse. Ce n'était pas ce qu'il avait cherché pendant tant d'années.

C'est alors qu'il est convaincu de l'impossibilité d'obtenir d'un mo-nocorde une exactitude mathématique ; ces cordes ne restent jamais une minute sans varier, et vacillent continuellement de un à quatre degrés du pendule.

Il est ainsi conduit à ne compter et ne mesurer que par des degrés de pendule toute son échelle de fourchettes principales et intermédiaires (du *la* au-dessous de la clef de *sol*, au *la* au-dessus de la même clef), c'est-à-dire son *sonomètre*, base de toute sa théorie expérimentale.

Ainsi, c'est pour avoir cherché l'accord dans une disposition de *guimbardes*, pour leur note fondamentale, que Scheibler en est venu à trouver l'accord de l'orgue. Il affectionnait singulièrement la guim-barde, cet instrument bizarre, et nous avons été étonné du talent avec lequel il savait y moduler de vives et charmantes variations. Dans notre enfance, quand la nuit était venue, ces sons nous parais-saient tristes dans la bouche des *boires* (bouviers) de la mélancolique Sologne : peut-être maintenant y sont-ils oubliés. Mais, si l'on en croit Scheibler , la guimbarde mérite un autre destin. Il y consacre quelques pages à la fin de son opuscule. Elle est , dit-il, d'un excellent secours pour donner à l'oreille musicale la plus grande perfection. Les chanteurs , les violonistes , en un mot tous ceux qui sont obligés de former eux-mêmes la justesse des sons , devraient en faire usage.

Dans la gazette de Leipzig de l'an 1816 , il avait déjà écrit quelque chose sur le jeu et la nature de cet instrument. Ici il ajoute d'autres détails et un exemple noté.

MÉMOIRE EXPLICATIF

DE

L'INVENTION DE SCHEIBLER,

PREMIÈRE PARTIE.

NOTIONS PRÉLIMINAIRES.

1. *Notions élémentaires sur la production et la transmission des sons.* — Nous éprouvons la sensation d'un son, quand la membrane du tympan, *laquelle forme l'extrémité du canal auditif, membrane élastique et tendue*, est mise en vibration d'une certaine manière, par les mouvements de l'air extérieur. Ces mouvements du tympan se communiquent aux diverses parties qui complètent l'appareil auditif dans l'intérieur de l'oreille, *et dont on explique assez bien le mécanisme*, et enfin occasionnent un certain ébranlement du nerf auditif, lequel s'épanouit dans le cerveau.

Ici commence la sensation proprement dite, mystère inaccessible aux recherches de l'esprit humain, et qui tient à l'union du corps et de l'âme.

2. La cause immédiate de la sensation de l'ouïe est donc un certain mouvement de l'air extérieur, d'où il suit qu'aucun son ne peut se produire dans le vide, que le son s'affaiblit à mesure que l'air est raréfié ; qu'il est plus intense dans un air ou un milieu plus dense ; ce qui explique pourquoi les sons et les bruits ont moins d'éclat sur les montagnes et cessent presque dans les hautes régions atmosphériques, et, à l'inverse, pourquoi, si l'on plonge un instant la tête dans l'eau, le son causé par le choc de deux pierres dans l'eau paraîtra beaucoup plus fort que s'il était entendu dans l'air à la même distance.

3. Mais l'air, comme tous les autres fluides, de lui-même ne tend qu'à rester en équilibre et en repos; il faut une cause étrangère pour le mettre en mouvement. Dans la production du son, cette cause sera, ou bien les palpitations, les frémissements, les *oscillations*, les vibrations moléculaires d'un corps rigide et élastique, par exemple celles du métal d'une cloche frappée par un corps dur, ou bien les oscillations, c'est-à-dire les allées et venues rapides soit d'une corde sonore tendue, soit d'un corps mince et élastique, par exemple celles de la languette d'un instrument à anche, *soit dans le tuyau à anche de l'orgue, dans le hautbois, la clarinette ou le basson,* ou bien les chocs imprimés par un courant d'air rapidement introduit par une étroite ouverture et venant se briser contre le tranchant d'un corps aigu, par exemple dans les instruments à vent, *tels que les tuyaux de flûte de l'orgue, les sifflets, etc.;* ou bien enfin une explosion instantanée, etc.

4. Dans toutes ces circonstances, il existe un mouvement moléculaire, un choc qui se communique aux particules aériennes immédiatement voisines, les oblige à sortir de l'état d'équilibre et de repos, et ainsi les met en vibration.

La molécule aérienne immédiatement contiguë à la molécule d'un corps quelconque, suit tous ses mouvements alternatifs d'allées et venues, ou toutes ses oscillations, avec une vitesse parfaitement égale, les commence et les termine en même temps que lui, et ce même mouvement se communique de proche en proche à l'atmosphère dans tous les sens.

5. Le point sonore est le centre d'une sphère dont toutes les molécules sont mises par lui en oscillation.

Chacun des rayons de cette sphère forme une suite de molécules en ligne droite, et, pour nous rendre compte de ce qui se passe dans la sphère entière, il nous suffit de considérer un seul de ses rayons.

6. Dans la production des sons , les mouvements moléculaires son toujours réguliers , c'est-à-dire que les vibrations qui en résultent s'o pèrent en temps égaux. Ils sont toujours rapides, même pour les sons les plus graves, et leur rapidité s'accroît pour les sons aigus. Auss' l'on évalue les sons par le nombre de vibrations qui s'opèrent en une seconde.

7. *Sons musicaux, leur expression numérique.* — Un son musical ne diffère d'un autre son quelconque que parce qu'étant pro longé et continu , notre organe auditif a le temps et les moyens d'en recevoir une perception nette et d'en apprécier le degré du grave a l'aigu. Le bruit ne diffère du simple son que parce qu'il résulte d'une multitude de sons divers, et qui n'ayant point entre eux de rapport musical capable de flatter l'oreille, lui apportent une sensation inap préciable et incommode.

8. Nous n'avons à parler ici que des sons musicaux., et il s'agit d'en trouver l'expression numérique.

Dès la haute antiquité, on avait observé et calculé les rapports qui se trouvent entre les diverses longueurs des cordes mises en vibration et les divers sons qui en résultent , ces cordes supposées de même ma tière, parfaitement égales en grosseur et en degré de tension. On avait vu que la 1/2 d'une corde donne l'octave du son donné par la corde entière , que les 2/3 en donnent la quinte, etc. , d'où l'on avait conclu, en se basant sur les longueurs des cordes ,

que l'octave est dans le rapport de 1 : 1/2
la quinte. . . . . 1 : 2/3

ou , en nombres entiers , et poursuivant plus loin l'expérience,

Que le son grave *ut* est à son octave comme. . . . . 2 : 1
à la quinte *sol*, comme. . . . . . 3 : 2
à la quarte *fa* , comme . . . . . . 4 : 3
à la tierce majeure *mi*, comme. . 5 : 4
à la tierce mineure, *mi b*, comme 6 : 5

C'est de cette manière que les anciens ont exprimé la valeur numé rique des sons musicaux.

9. Les modernes ayant considéré que, dans les cordes vibrantes, le nombre des vibrations est en raison inverse des longueurs, se sont servi du nombre des vibrations pour évaluer les sons musicaux; c'est-à-dire des mêmes rapports trouvés par les anciens, mais pris à l'inverse. Le calcul est exactement le même, mais l'expression moderne est plus rationnelle et plus directe, parce qu'elle ne suppose qu'un nombre absolu de vibrations par seconde dans un corps quelconque, sans aucune relation à des longueurs de cordes.

10. La loi des rapports des sons entr'eux étant ainsi connue, il ne s'agit plus que de savoir avec exactitude le nombre absolu des vibrations d'un son musical pour en déduire le nombre de vibrations de tous les autres sons qui seront avec lui dans un rapport musical déterminé.

Or, c'est en cela que consiste la difficulté, savoir : l'évaluation rigoureuse d'un son fixe comme point de départ et de comparaison. Plusieurs raisons physiques s'y opposent. Cependant on s'en est approché d'une manière satisfaisante, et nous n'en chercherons pas davantage.

11. *Expériences pour l'évaluation du nombre absolu de vibrations dans les sons musicaux.* — Supposons une roue de métal, tournant sur son axe au moyen d'une manivelle, et dont la circonférence est dentée à intervalles égaux. Si l'on fixe un corps élastique, par exemple un petit morceau de carte, dans une position telle que chacune des dents de la roue qui tourne vienne le heurter en passant, il arrive que la pression de la dent fait fléchir la carte, et que celle-ci, en vertu de son élasticité, se redresse dans l'intervalle d'une dent à l'autre, et, dans ce redressement subit, choque l'air. Ce choc ou battement produit un son qui se répète à chaque révolution de la roue, autant de fois qu'elle contient de dents.

La carte a fait une vibration ou deux mouvements ou deux oscillations pour produire ce battement, l'une en cédant à la dent, l'autre en se redressant. Il faut donc deux oscillations, pour un battement. Si le mouvement est trop lent, et surtout si les dents sont fort éloignées les unes des autres, ces battements successifs sont distincts et séparés : le son, au lieu d'être continu, est pour ainsi dire haché ; mais ces battements se rapprochent et se confondent quand le mouvement s'accélère et que les dents sont plus voisines. Ils produisent alors un son ronflant, et ce son monte du grave à l'aigu à mesure que les battements sont plus rapides et plus nombreux dans un temps donné. Toutefois, on ne commence à avoir la sensation d'un son continu qu'après deux battements, c'est-à-dire quatre oscillations ou deux vibrations.

Ainsi, le battement, tel que nous venons de le décrire, est l'élément du son, et le son n'est en réalité qu'une succession rapide et régulière de battements.

12. Dans cette expérience de M. Savart, avec la roue dentée frappant sur un petit morceau de carte, chaque battement isolé, dans un mouvement très-lent, se combine aussi avec le son particulier à la carte. Pour entendre des battements aériens plus purs, il faut se servir de la *syrène* de M. Cagniard-Latour.

Cet instrument est l'un des plus ingénieux qui aient été inventés dans ces derniers temps. Pris dans sa plus grande simplicité, c'est une petite boîte ronde, de métal, en forme de tabatière. A sa partie supérieure, elle est percée obliquement d'un petit trou, et recouverte par une plaque métallique de diamètre égal et tournant sur un pivot fixé à son centre. Cette plaque est également percée d'un seul trou qui s'adapte sur le premier, et qui est aussi dirigé obliquement, mais dans un sens opposé. Sur le côté de la boîte, on soude, en forme de manche, un tuyau qui communique avec l'intérieur, et par lequel on peut introduire un courant d'air en soufflant. Ce courant qui tend à s'échapper par la petite ouverture, fait tourner la plaque mobile sur son axe ; et, dès que les deux ouvertures sont superposées, il s'échappe en choquant vivement l'air extérieur. Ce choc est un battement ; il cesse sitôt que le trou est fermé, et il ne se renouvelle qu'à la seconde révolution.

Ici, le battement produit simplement par le choc de l'air extérieur est plus net, distinct. Ces battements s'accélèrent avec l'accélération du courant d'air, le son devient de plus en plus continu et monte du grave à l'aigu.

13. Ces expériences de la roue dentée et de la syrène, et autres analogues, donnent le moyen d'évaluer approximativement le nombre des vibrations qui produisent un son donné, puisqu'il ne s'agit que de constater le nombre de révolutions de la roue ou du plateau mobile pendant le même temps, d'en déduire le nombre des battements, et de doubler ce nombre pour avoir celui des oscillations ou des vibrations simples.

Dès lors tout est connu quant au nombre de vibrations des sons musicaux quelconques, puisque, d'une part, on a la base très-approximative d'un son fixe, et que, de l'autre, on connaît la loi exacte des proportions suivant les intervalles.

14. *Limite des sons appréciables.* — En recherchant les limites au grave et à l'aigu des sons musicalement appréciables par l'oreille humaine, les physiciens se sont assez généralement accordés à les fixer au grave à trente-deux vibrations par seconde; et à l'aigu à vingt mille (1).

Toutefois, on s'accorde à penser qu'en prenant le son en général et hors des limites de la compréhension musicale ordinaire, les bornes des appréciables à l'aigu varient suivant le degré de sensibilité de l'oreille. De plus, les expériences de Savart prouvent que les limites des appréciables sont presque indéfinies, puisqu'en augmentant l'intensité, on peut suppléer au moindre nombre de vibrations au grave, et qu'à l'aigu on peut percevoir encore le son de verges métalliques fort courtes, lesquelles vibrant suivant leur longueur d'après une loi connue, doivent fournir environ 30,000 vibrations par seconde.

15. Dans la pratique musicale, le son le plus grave est rendu par

---

(1) Ces limites conventionnelles ont été expérimentalement dépassées, au grave par Savart, et à l'aigu par M. Despretz, de l'Institut.

Nota. — Quand nous employons le mot vibration *seul*, nous l'entendons toujours dans le sens de *vibration simple* ou *oscillation*.

-le tuyau d'orgue de 32 pieds de long (approximativement) faisant 32 vibrations par seconde. Le son le plus aigu varie suivant la nature des instruments (1).

16. *Distinction de l'espèce particulière de battements dont il sera fait usage pour l'accord des instruments.* — Les battements, tels que nous venons de les décrire, et considérés comme éléments du son musical, ne sont point ceux dont s'est occupé Scheibler, et qu'il importe aux musiciens de connaître pour l'accord des instruments. Il s'agit ici d'un phénomène tout différent, et pour l'intelligence duquel nous devons poursuivre les explications des principes élémentaires de l'acoustique.

17. Le point sonore est le centre d'une sphère dont toutes les molécules sont mises par lui en oscillation. Chacun des rayons de cette sphère est une suite de molécules en ligne droite; et, pour nous représenter ce qui se passe dans la sphère entière, il nous suffit de considérer un seul de ces rayons.

---

(1) L'instrument le plus aigu employé à l'orchestre est le *Flutet*, qui monte à la huitième octave de l'*ut* grave de l'orgue de 32 pieds et 32 vibrations, lequel est à la triple octave au-dessous de l'*ut* sous la clef de *fa*.

(Tableau donné par Choron, p. 39, troisième volume des *Principes des écoles d'Italie*.)

Soit l'*ut*. . . . . 32 pieds, 32 vibrations.

Pour avoir les octaves supérieures, il faut diviser la longueur ou multiplier les vibrations par le nombre 2 élevé à la puissance exprimée par le nombre d'octaves.

Donc, à la cinquième octave $2^5 = 32$, donnera . . . . 1 pied, 1024 vibrations. C'est l'*ut* sur la clef de *sol*.

Donc, trois octaves plus haut $2^3 = 8$, donnera (sur 144 lignes). . . . . 18 lignes, 8192 vibrat.

C'est la huitième octave d'*ut* 32 ou la note supérieure du *flutet*, sauf la différence proportionnelle aux diapasons.

Le *la* diapason à l'orgue de 32 pieds est 853 vibrations 1/3,

$$\text{Savoir : } 1024 \quad\quad ut\ 6$$
$$\underline{170,666} \quad\quad \overline{la}\ 5 \text{ retrancher } 1/6$$
$$\overline{853,334}$$

18. *Propagation et vitesse des sons.* — Quel est le mode de propagation de ce mouvement moléculaire, et quelles sont les bornes de cette sphère, ou la longueur du rayon?

L'air étant élastique, il en résulte que le mouvement, comme celui d'un ressort, est successif, et qu'il s'écoule un petit intervalle de temps entre le commencement du mouvement de la première molécule d'une file, et le commencement du mouvement à la dernière molécule de cette file, si courte qu'elle soit. La seconde molécule commencera donc son mouvement un peu plus tard que la première, et ainsi de suite.

19. Le temps nécessaire à cette propagation du mouvement moléculaire détermine la vitesse du son dans l'atmosphère. Cette vitesse appréciée par l'expérience est constante, uniforme, et très-approximativement de 1024 pieds par seconde. Nous ne tenons pas compte ici des causes de légère variation également observées par les physiciens.

20. Nous avons dit que le son le plus grave de l'orgue, tuyau de 32 pieds, fait environ 32 vibrations par seconde. Dans ce même intervalle, le son a parcouru 1024 pieds, distance au-delà de laquelle il n'est pas encore entendu. Donc, pendant la durée d'une vibration, ou la $32.^e$ partie de la seconde, le mouvement moléculaire aura parcouru la $32.^e$ partie de 1024 pieds, ou 32 pieds, longueur égale à celle du tuyau.

21. Ainsi, en divisant le nombre 1024 pieds par le nombre de vibrations, on a la formule générale pour apprécier, dans tous les cas, jusqu'à quelle distance le mouvement moléculaire ou l'effet sonore se fera sentir pendant une vibration. Cette distance est le rayon de la sphère entière dans laquelle chaque vibration produit le mouvement moléculaire.

22. *Ondes sonores.* — Cette sphère peut être considérée comme l'ensemble d'une infinité d'enveloppes concentriques équidistantes, entre lesquelles l'air reçoit un mouvement alternatif de *compression*, quand l'impulsion est du centre à la circonférence, et de *dilatation*, quand elle est au contraire de la circonférence au centre.

23. Cette première sphère totale aérienne, la plus voisine du centre sonore, et que nous considérons d'abord isolément, et dans laquelle la première vibration étend son action sans la dépasser, reçoit ainsi, dans son intérieur, un balancement, un mouvement d'ondulation, et s'appelle *l'onde sonore*.

24. L'onde sonore, formée d'une manière fixe par la surface extérieure, est donc alternativement resserrée, *comprimée* ou *comprimante, impulsive* ou *positive*, quand l'impulsion donnée à ses molécules va du centre à la circonférence, et *dilatée, dilatante, répulsive* ou *négative*, dans le cas contraire ; c'est-à-dire lorsque les molécules reviennent à leur position de repos.

25. *Mouvement ondulatoire progressif.* — Peu de temps après que le mouvement moléculaire est parvenu à la limite de la première onde, il la franchit, et, dans le même intervalle de temps, il parcourt un espace égal au premier ; c'est-à-dire qu'il produit une nouvelle onde sonore. d'une épaisseur égale à celle de la première, et ainsi de suite.

26. Ainsi la sphère sonore s'agrandit de plus en plus par couches successives, égales entre elles, et dont la dernière enveloppe toutes les précédentes. C'est le *mouvement ondulatoire progressif.*

27. Ce mouvement ondulatoire est toujours de 1024 pieds par seconde ; mais cette longueur constante du rayon se partage en autant d'ondes concentriques et de longueurs égales qu'il y a de vibrations dans le son.

28. Lorsque la première onde finit son mouvement de concentration, la seconde est encore en repos ; mais celle-ci marche dans le même sens de condensation pendant que la première exécute au contraire le mouvement de dilatation. Au deuxième choc impulsif, provenant de la troisième vibration, les phénomènes opérés par le premier choc dans la première onde, se renouvellent de la même manière ; elle redevient impulsive ou positive, tandis que la seconde onde opère son mouvement négatif, et ainsi de suite.

29. Donc il y a deux mouvements distincts qu'il importe de ne pas confondre ; savoir : le *mouvement progressif*. qui marche tou-

jours dans le même sens, en parcourant 1024 pieds par seconde , et le *mouvement moléculaire oscillatoire* , particulier à chaque onde , quelle qu'en soit la largeur, qui marche alternativement dans les deux directions opposées , et qui est toujours en opposition avec le mouvement oscillatoire qui s'opère simultanément dans l'onde contiguë.

30. Dans les figures 1res de la planche, soit x le centre sonore, *a, b, c, d*, les ondes successives ; la direction du mouvement moléculaire indiquée par la flèche ↥ ou ↧ , et supposant que le mouvement primitif soit impulsif, c'est-à-dire du centre à la circonférence, on voit :

1.º Qu'à chaque nouvelle vibration naît une nouvelle onde ;

2.º Que l'onde qui marche la première, en s'éloignant de plus en plus du centre sonore , est toujours de même espèce , soit positive , soit négative, que celle qui a été excitée à la première vibration , c'est-à-dire positive dans le cas présenté par la figure ;

3.º Que deux ondes contiguës sont toujours d'espèce opposée.

31. Cet effet ondulatoire que nous avons représenté dans la coupe d'un segment sphérique, est rendu plus sensible comparé grossièrement au mouvement ondulatoire d'une ligne , ainsi qu'il suit : *(Fig. 2.)*

Le centre sonore est en x. Mais si l'on veut suivre la succession des ondes comme positives et négatives , il faut considérer l'onde la plus éloignée comme la première qui est arrivée jusques-là , et aller en rétrogradant de droite à gauche sur la même ligne. On verra que toutes les ondes désignées par les nombres pairs sont de même espèce entre elles , et que toutes les ondes désignées par les nombres impairs sont aussi entre elles de même espèce.

32. La plupart des théoriciens entendent , par onde sonore, la réunion de la partie positive (*Wellenberge*) et de la partie négative (*Wellenthal*), pour former une seule onde. L'usage de l'une ou de l'autre manière de s'exprimer est indifférent , et, pour le besoin que nous en avons, nous pouvons nous en tenir aux expressions ci-dessus.

33. Il importe aussi d'observer que dans ce mouvement ondulatoire , et malgré la progression du son , chaque molécule n'éprouve

d'autre déplacement que celui qui résulte du mouvement infiniment petit par lequel elle oscille.

34. Imaginons qu'au centre sonore il se fasse subitement un vide sphérique, dans lequel les molécules aériennes se précipitent en vertu de l'élasticité de l'air, le mouvement ondulatoire sera alors et partout, inverse de celui précédemment considéré. Dès lors, c'est l'onde négative qui marche toujours en avant.

35. *Causes de la cessation du son au-delà de certaines limites.* — Ainsi, nous concevons comment le son se propage par les ondes sonores; nous en calculons la vitesse, comme les dimensions et la direction de chaque onde.

Maintenant, on peut se faire plusieurs questions, et d'abord, par exemple, comment il arrive qu'au-delà de certaines limites, le son cesse d'être entendu, et pourquoi le mouvement moléculaire a cessé?

L'ébranlement de la première molécule aérienne est proportionnel à l'intensité du mouvement de la cause qui opère dans le centre sonore. Un ébranlement plus ou moins fort occasionne un déplacement plus ou moins étendu de la molécule, sans que, pour cela, la sphère du rayon sonore ou la largeur de l'onde soit agrandie ou diminuée ; seulement, dans l'intérieur de cette onde, la compression est plus ou moins forte. Cette quantité de mouvement moléculaire diminue progressivement à mesure qu'elle se communique d'une onde à la suivante, plus volumineuse. Les espaces parcourus par chaque molécule diminuent de plus en plus, et finalement deviennent nuls, alors le son cesse. Voilà pourquoi un son quelconque s'affaiblit en s'éloignant du centre sonore, et ne peut être entendu au-delà de certaines limites. Ces limites sont déterminées par son intensité, laquelle dépend de l'intensité du mouvement moléculaire dans le corps sonore.

36. *Vitesse et hauteur du son invariable.* — Mais, quelle que soit l'intensité de ce mouvement, la vitesse de sa propagation reste toujours la même. Pareillement, quelle que soit aussi l'intensité du son, le degré du grave à l'aigu reste aussi le même à toutes les dis-

tances où il est perceptible ; car le degré du grave à l'aigu dépend du nombre de vibrations par seconde , et ce nombre ne varie pas , quelle que soit l'amplitude de ces vibrations.

37. *Réflexion philosophique.* — Si l'on considère que le mouvement moléculaire dans les ondes sonores atmosphériques se modifie selon les degrés sonores du grave à l'aigu, du fort au faible , et en outre selon la distinction du timbre des instruments ou des voix , et cela, non-seulement pour un son unique, mais pour une multitude de sons différents les uns des autres, et simultanément ; que , dans cette simultanéité naît pour chaque son séparé une série à part d'ondes sonores qui marchent indépendantes les unes des autres, dans des directions ou semblables , ou opposées ou obliques, sont réfléchies sur elles-mêmes par les corps sur lesquelles elles frappent et reprennent un cours inverse , se coupent en mille sens différents et sembleraient devoir se déchirer en lambeaux ; que tout cela s'opère pourtant en musique sans trouble et sans confusion ; qu'ainsi le même rayon sonore obéit à la fois , et avec une égale fidélité, à mille impressions diverses ou contraires , ou plutôt que chacune de ces mille causes trouve pour son compte un système de molécules libres et indépendantes n'obéissant qu'à cette cause ; si l'on ajoute que l'effet disséminé en grand vers les confins de la sphère sonore la plus étendue , se concentre également vers le centre , dans un espace de plus en plus resserré , sans nuire à la clarté de la perception ; qu'enfin ce prodige de multiplicité, de variété, se résume en petit sur l'étroit espace de la membrane du tympan , quelle expression trouvera-t-on dans la langue pour rendre dignement le sentiment d'admiration que doit exciter en nous une telle merveille ! (1)

38. *Sons simultanés considérés dans l'unité commune du*

---

(1) Ab-del-Kader , dans un écrit remarquable inséré naguère au *Moniteur*, reproche aux savants français de ne jamais mentionner dans leurs démonstrations ce qui pourrait élever les esprits au-dessus des choses terrestres. Ce n'est pourtant pas faute d'en avoir l'occasion.

centre sonore. — Nous allons considérer seulement l'effet ondulatoire produit par la simultanéité de deux sons supposés partis du même point sonore et commencer leurs vibrations au même instant précis.

39. Et d'abord il nous faut justifier cette supposition , puisque , d'une part , il est évident que jamais deux sons primitifs , différents l'un de l'autre et simultanés , n'auront leur centre sonore au même point ; et que , de l'autre , dans la réalité pratique , la probabilité est que les vibrations de l'un commenceront un peu plus tôt ou un peu plus tard que celles de l'autre.

Faisons-en l'application à un son moyen dans l'étendue du clavier, par exemple le troisième *ut*.

Supposons premièrement que l'on fasse entendre simultanément deux *ut* à l'unisson du troisième *ut* du clavier du piano à 6 octaves et demie , et que nous supposons accordé au diapason de l'orgue. Cet *ut* fait 256 vibrations par seconde. Car , partant de la touche la plus grave , laquelle fait 64 vibrations par seconde , puisqu'elle est à l'octave du tuyau de 32 pieds (§ 14), il faut quadrupler le nombre 64 pour avoir la double octave. La longueur de l'onde sera 1024 pieds divisés par 256 vibrations ou 4 pieds (§ 19) ; si les deux centres sonores , au lieu de coïncider au même point , sont distants l'un de l'autre d'une quantité qui soit égale à cette longueur d'onde , ou qui en soit un multiple (les vibrations sont supposées commencer au même instant précis) , l'effet de simultanéité des ondes sera le même que si les deux centres coïncidaient ; seulement , cette simultanéité ne commencera qu'après le temps d'une , de deux , de trois , etc. , vibrations , c'est-à-dire 1/256 , 2/256 , 3/256 , etc. , de seconde , suivant que les deux centres seront éloignés d'une fois , deux fois , trois fois , etc. , la longueur de l'onde. Si l'éloignement , au lieu d'être égal à cette quantité de la longueur d'une onde ou à l'un de ses multiples , y ajoute une fraction , la plus grande différence d'effet résultera de la différence d'une moitié de la longueur de l'onde , c'est-à-dire 2 pieds. Donc , pour la note dont il s'agit , quelle que soit la distance des deux centres sonores , la différence de position qui produit la plus forte déviation de l'effet précis dans la simultanéité , est une distance de 2 pieds au plus , équivalant à 1/512 de seconde.

Supposons secondement que , pour le même *ut* , les vibrations initiales de chacun , au lieu d'être simultanées , partent à distance l'une de l'autre (les centres sonores sont censés coïncider exactement), et que cette différence de temps soit justement 1/256 de seconde , ou un multiple de ce nombre ; l'effet sera le même que si la coïncidence était rigoureuse , seulement l'effet ne sera senti qu'après 1/256 ou 2/256 ou 3/256 de seconde , selon le retard de l'une de ces vibrations initiales. Pour que la différence de coïncidence soit sentie au *maximum* , il faut supposer que l'un des deux corps vibrants sera en retard d'une demi-vibration ou de 1/512 de seconde.

Maintenant , combinant ensemble ces deux causes d'inexactitude , nous verrons que si l'une des deux produit un effet en sens inverse de l'effet produit par l'autre , le résultat rétablit la coïncidence rigoureusement exacte ; et que , par conséquent , la plupart du temps , la probabilité est que la moyenne des différences sensibles sera une fraction insignifiante de seconde. Cette quantité va toujours en diminuant de moitié à mesure que l'on monte dans une octave supérieure, et se double à mesure que l'on descend à une octave inférieure.

Ainsi , négligeant ces différences insensibles , il nous est permis de raisonner dans notre hypothèse , savoir : la double coïncidence des centres sonores et du moment de départ des vibrations initiales.

10. *Comparaison des ondes sonores dans la production de deux sons simultanés*. — Observons que le premier choc produit une onde qui n'est pas, comme les suivantes , le simple effet de la réaction spontanée des molécules. Cette première onde a plus d'amplitude et moins de régularité dans sa forme. Nous ne l'introduirons pas dans nos comparaisons. Nous la désignerons par 0 (zéro). ainsi que la vibration initiale , et nous partirons de la suivante. désignée par le N.° 1.

11. Nous allons donc comparer les effets simultanés de deux ondes sonores produits par deux sons simultanés.

Choisissons l'exemple le plus simple : l'*ut* . 32 vibrations, le plus grave de l'orgue, sonnant avec sa quinte *sol*, 48 vibrations. Nous supposerons cette consonnance de quinte non tempérée et juste, dans la proportion de 2 : 3 (§ 8).

Lá 32.ᵉ vibration d'*ut* coïncidera rigoureusement avec la fin de la 48ᵉ vibration de *sol*. Mais une coïncidence semblable aura lieu 16 fois dans le cours de la seconde, savoir : chaque fois que l'*ut* aura fait 2 vibrations et que le *sol* en aura fait 3, ainsi qu'il suit ·

COÏNCIDENCE DES VIBRATIONS

d'*ut*	2	4	6	8	10	12	14	16	18	20	22	24	26	28	30	32
de *sol*	3	6	9	12	15	18	21	24	27	30	33	36	39	42	45	48

Chaque coïncidence tombe alternativement sur des nombres dont l'un est pair et l'autre impair, et sur des nombres tous les deux pairs. Or, nous avons vu (§ 31) que si l'onde N.° 1 est négative, par exemple, toutes celles des nombres impairs seront négatives, et, réciproquement, toutes celles des nombres pairs seront positives.

Dans le cas ci-dessus, l'onde initiale de l'*ut* étant supposée de même espèce que l'onde initiale de *sol*, les ondes seront d'espèce différente dans les deux sons, c'est-à-dire l'une positive et l'autre négative, toutes les fois que la coïncidence tombera sur deux nombres dont l'un est pair et l'autre impair ; et les ondes seront de même espèce, c'est-à-dire toutes les deux positives ou négatives, toutes les fois que la coïncidence tombera sur deux nombres pairs.

La figure 3 rend sensible l'effet des deux premières coïncidences.

La première coïncidence sur les vibrations 2 et 3 donne, à la fin de l'onde, un effet opposé, puisque la direction des molécules, indiquée par les flèches, est opposée. Du côté de l'*ut*, l'onde 2 est positive ; du côté de *sol*, l'onde 3 est négative ; les effets se détruisent, et à ce moment, *le son est le plus faible.*

La seconde coïncidence sur les vibrations 4 et 6 donne, à la fin de l'onde, un effet semblable, puisque la direction des molécules est semblable. Les deux ondes sont positives, et, à ce moment, *le son est le plus fort.*

42. Ainsi, pendant la résonnance simultanée de l'*ut*,32 et de sa quinte *sol*,48, dans l'intervalle d'une seconde, il y aura 8 coïncidences faibles et 8 coïncidences fortes ; et si l'oreille pouvait discerner les 16 portions de la seconde, elle sentirait l'effet sonore diminuer sensiblement depuis 0 jusqu'à la première coïncidence, et augmenter de la même manière jusqu'à la seconde coïncidence, et ainsi de suite alternativement.

L'on pourrait compter alors ces coups alternatifs de force et de faiblesse, représentés dans la fig. 4.

43. Nous voyons dans la fig. 3 une onde du son *ut*, par exemple l'onde 4, qui est positive, accompagnée dans les 2/3 de sa durée par toute l'onde 6 du *sol*, qui est également positive, et dans l'autre 1/3 par la 1/2 de l'onde 5 qui est négative.

Si les deux ondes, au grave et à l'aigu, étaient presque de même longueur, cette complication d'effets serait presque insensible.

Pour cela il faudrait que les nombres de vibrations fussent dans un rapport approchant de l'unisson ; alors l'effet serait plus net dans les deux ondes.

Le rapport étant moins simple, la coïncidence se répéterait moins souvent pendant la durée d'une seconde, et les coups alternatifs de force et de faiblesse se distingueraient plus facilement.

44. *Battements de deux sons voisins de l'unisson.* — Représentons l'effet sonore de ces coups alternatifs par deux nombres dans le rapport de 15 à 16 (intervalle du demi-ton *mi*, *fa* ou *si*, *ut*), pendant 6 secondes (fig. 5.)

Ici, ne tenant pas compte du mouvement initial, nous comptons le premier coup de force à la fin de la deuxième seconde, et successivement de deux en deux secondes, à la fin de la quatrième et de la sixième.

Ces coups de force sont ce que l'on appelle vulgairement *les battements* de deux sons voisins de l'unisson. Chacun d'eux ne peut survenir, ainsi qu'on le voit dans la figure, qu'après avoir été précédé par le coup de faiblesse où le son est presque éteint.

45. *Moyen fourni par les battements pour évaluer en vibrations la différence de deux sons.* — On voit ici que le mot *battement* a un sens bien différent de celui qu'on lui donne en acoustique pour désigner l'élément du son , comme nous l'avons expliqué § 11 et 12. Néanmoins, dans l'un et l'autre cas, le battement n'en est pas moins , en général , suivant une définition de M. Cagniard-Latour, *une impression périodique qui se produit sur l'organe auditif.* Mais ici , cette impression résulte du *concours simultané d'ondes sonores de même espèce, alternant périodiquement avec des ondes d'espèce opposée.* On voit encore ici (fig. 5), que, pour produire le battement (de 0 à 30), il faut entre les deux sons une différence de 2 vibr. (30 à 32).

46. Donc , en général , deux sons près de l'unisson , entendus simultanément , donneront par seconde la moitié autant de battements qu'il y aura d'unités dans la différence du nombre de leurs vibrations. Ainsi, une différence de 8 vibrations par seconde donnera 4 battements par seconde , etc.

47. Pour que l'oreille puisse en effet distinguer et compter les battements , il faut qu'ils ne soient ni trop rares ni trop fréquents. Lorsqu'il y a moins d'un battement par seconde , les coïncidences sont trop éloignées pour être comptées commodément. A un battement par seconde , on distingue assez bien le moment de faiblesse et le coup de force. Lorsque les battements sont plus rapprochés , par exemple de 2 à 6 , on ne distingue plus que les coups de force et l'on ne compte que les battements. Au-delà de 6, on n'entend plus qu'un son à peu-près égal et continu. Le nombre de 4 battements par seconde , résultant d'une différence de 8 vibrations, est celui qui se trouve dans les conditions les plus favorables.

48. Donc , lorsque les conditions sont telles que nous puissions compter le nombre des battements par seconde , qui résulte de la simultanéité de deux sons , nous pouvons évaluer leur différence en nombre de vibrations. Mais cela ne nous apprend rien encore sur la nature de l'intervalle qui les sépare , puisque nous ignorons le nombre absolu de vibrations de chacun de ces deux sons.

49. *Recherche du nombre absolu de vibrations d'un son, par le calcul des différences et réciproquement.* — Cherchons cependant si , par le seul calcul des différences , nous ne pourrions pas arriver à la connaissance du nombre absolu de vibrations d'un son donné dans certaines conditions , ou bien , à l'inverse , arriver à produire dans les mêmes conditions un son d'un nombre donné de vibrations. Nous supposerons que ces sons sont produits par des fourchettes métalliques (vulgairement *diapasons*) , et nous nous bornerons ici à poser des principes et à indiquer des applications générales, sans entrer dans le détail des procédés d'exécution , et sans recourir à aucun des moyens que peut offrir la science de l'acoustique ; car nous ne devons pas oublier que nous travaillons ici uniquement pour être l'interprète de Scheibler, et suppléer, par les explications nécessaires, à la brièveté et à l'obscurité des enseignements qu'il a écrits.

Ces deux problèmes sont résolus par un raisonnement simple :

Premièrement , *le son étant donné* par une fourchette , si l'on fabrique une autre fourchette qui donne l'octave juste, que nous supposons à l'aigu (et plus bas nous donnerons le moyen de discerner cette justesse), et si , entre le son grave et son octave , l'on pose des sons intermédiaires , en nombre suffisant pour que l'on puisse compter de l'un à l'autre le nombre des battements par seconde, on doublera la somme de ces nombres et l'on aura ainsi la différence en vibrations de l'une à l'autre des deux fourchettes. Or, ce nombre qui exprime cette différence sera précisément le nombre absolu des vibrations de la fourchette grave (1). Par exemple , si l'on compte en tout 220 bat-

---

(1) Tel est le procédé de Scheibler; mais , pour déterminer le nombre absolu des vibrations d'une fourchette , que nous appellerons *la*, M. Lissajous opère de la manière suivante :

$$\text{Sur ce } la \text{ il ajuste l'}ut \text{ tierce mineure} \dots \dots \quad 5 : 6$$
$$\text{— l'}ut \text{ — le } mi \text{ tierce majeure} \dots \dots \quad 4 : 5$$
$$\text{— le } mi \text{ — le } la \text{ quarte} \dots \dots \dots \dots \quad 3 : 4$$

D'où résulte, pour nous, cet enchaînement de rapports :

$$\begin{array}{ccc} 6/5 & 5/4 & 4/3 \\ 10 : 12 & 12 : 15 & 15 : 20 \end{array}$$

$$\text{différences :} \quad 2 \quad + \quad 3 \quad + \quad 5$$

Somme 10 , fourchette grave.

tements, la différence est 440 vibrations. La fourchette grave aura
ce nombre 440 , et la fourchette à l'octave en aura le double , ou
880 (§ 8).

Secondement , *le nombre de vibrations à produire étant donné,*
par exemple 440 , si l'on fabrique deux fourchettes à l'octave l'une
de l'autre , dont l'une des deux , que nous supposerons au grave,
soit à peu près à l'unisson du tuyau d'orgue dont le nombre de vibrations est un peu moindre que 440 (c'est le *la* au-dessus de la clef de
fa) , il faudra d'abord chercher, par le moyen indiqué dans le premier cas , le nombre absolu des vibrations de la fourchette grave ;
alors on saura de combien de vibrations elle est trop basse ; et , opérant simultanément sur les deux fourchettes en octave , et sur les
fourchettes intermédiaires , on les ajustera par tâtonnement , jusqu'à
ce qu'on ait réussi à obtenir entre les deux fourchettes extrêmes une
différence juste de 220 battements ou 440 vibrations.

50. Maintenant , supposons le son fixe 440 établi de cette manière, ainsi que son octave 880 , on peut fixer entre eux , dans
l'étendue de l'octave , une série quelconque de sons. Cette série
pourra faire entendre ou les intervalles diatoniques justes , ou les intervalles chromatiques dans un tempérament donné. Pour cela , connaissant par le calcul les nombres de vibrations qui s'appliquent à
chacun de ces sons , et par conséquent la différence soit en vibrations
soit en battements entre les sons voisins , on y arrivera par des fourchettes intermédiaires , ajustées de manière à procurer en battements
la différence donnée.

Ainsi , l'attention portée sur les battements fait trouver immédiatement la différence entre deux sons , quant au nombre de leurs
vibrations , et cette différence , dans certaines conditions , nous conduit à la découverte du nombre absolu des vibrations du son , ou à
la production d'un son formé par un nombre donné de vibrations.

51. *Application à l'accord des instruments.* — Maintenant , il
s'agit de chercher aussi , dans cette même théorie des battements ,
les moyens d'accorder les instruments de musique , c'est-à-dire d'apprécier le degré de justesse des intervalles consonnants. Il faut donc ,

au préalable , connaître les consonnances et leur rapport exact. Cette théorie , nous la ferons dériver des lois de l'acoustique , dont nous allons poursuivre l'examen sommaire.

52. *Lois de la résonnance multiple.* — Un fait principal est la base de cette théorie , savoir :

Un son quelconque , sous certaines conditions , et que nous représenterons en vibrations par le nombre 1 , fait entendre à l'aigu les sons 2 , 3 , 4 , 5 , etc., c'est-à-dire des sons dont le nombre de vibrations est exprimé , dans leur rapport , par la série des nombres naturels entiers.

53. Cette série est indéfinie , mais elle n'est sensible pour nos organes qu'autant que les sons ne sortent pas des bornes de ceux que notre oreille peut facilement apprécier, et qu'autant qu'ils ont l'intensité nécessaire. Voilà pourquoi cette loi ne se manifeste à notre oreille que quand le son 1 est très-grave et a beaucoup de force..

54. Cette résonnance , à l'aigu , d'un son grave , s'appelle *résonnance multiple.*

En voici l'application dans les quatre premières octaves , le son 1 étant appelé *ut.*

1re OCT.		2.^e		3.^e				4.^e							
1	2	3	4	5	6	7	8	9	10	11	12	13	14	15	16
UT	UT		UT				UT								UT
		SOL			SOL						SOL				
				MI					MI						
						SI♭ (du cor.)							SI♭ (du cor)		
								RE							
										(Inharmonique.)		(inharmonique)			
														SI	

55. *Proportion des intervalles d'où naissent les consonnances et leurs renversements*, etc. — Dans cette série , nous voyons exprimées les proportions exactes des intervalles que nous désignerons sous le nom général de consonnances.

Ces intervalles sont directs , renversés ou redoublés.

56. Premièrement, les consonnances, *intervalles simples, directs.*

L'octave , par exemple......	UT ———UT	1	:	2
La quinte , id........	UT ———SOL	2	:	3
La quarte , id.........	SOL———UT	3	:	4
La tierce majeure, id........	UT ———MI	4	:	5
La tierce mineure, id........	MI ———SOL	5	:	6

57. Secondement les consonnances . *intervalles simples renversés :*

Un intervalle direct , par exemple *ut sol*, 2 : 3 quinte , devient un intervalle renversé , lorsque des deux sons qui forment cet intervalle direct , le son grave 2 est porté à son octave aiguë 4 , ce qui donne : *sol-ut*, 3 : 4 quarte, ou bien , le son aigu 3 est porté à son octave inférieure 1 1/2 , ce qui donne encore *sol-ut*, 1 1/2 : 2.

58. Dans le nouvel intervalle qui résulte du renversement , les sons portent le même nom , mais ils sont dans une position inverse de celle où ils sont situés dans l'intervalle direct ; de plus , l'intervalle renversé ajouté à l'intervalle direct , complète l'octave.

	2	3	4	
Quinte....	UT.......	SOL..........		intervalle direct.
Quarte..	....	SOL.......	UT	renversement de la quinte.
Octave....	UT...................		UT	total des deux intervalles.

59. L'intervalle direct et l'intervalle renversé sont réciproquement compléments l'un de l'autre pour former l'octave.

Chacun d'eux peut être pris indifféremment pour l'intervalle direct, et l'autre qui est son complément . sera l'intervalle renversé.

60. Connaissant le rapport d'un intervalle direct , par exemple de la quinte 2 : 3 , on a son complément en portant le son grave 2 à son octave aiguë 4 , ou bien , à l'inverse , en portant le son aigu 3 à son octave grave 1 1/2. Le premier moyen est préférable pour éviter les fractions.

Le renversement de l'octave 1 : 2 est l'unisson 1 : 1.

Réciproquement , connaissant le rapport d'un intervalle complémentaire , on trouve son intervalle direct ou son complément par le même moyen.

61. Le tableau que nous avons donné (§ 54) des sons de la série dans la resonnance multiple , présente immédiatement les rapports des intervalles renversés ou complémentaires , si l'on considère le chiffre qui correspond à l'octave de l'un des deux sons, cette octave prise au grave pour le son aigu, ou prise à l'aigu pour le son grave. Exemples:

	2.ᵉ OCTAVE.		3.ᵉ OCTAVE.	
2	3	4	5	6

UT ...... UT

SOL............... SOL

Je trouve le renversement de *sol-ut*, 3 : 4 soit en descendant le son aigu *ut* à son octave la plus voisine au grave, ce qui me donne *ut sol*, 2 : 3. ou bien en montant le son grave *sol* à son octave la plus voisine à l'aigu, ce qui me donne *ut-sol* 4 : 6. Il est entendu que le rapport doit toujours être réduit à sa plus simple expression , ainsi , dans ce dernier cas , 4 : 6 se réduit à 2 : 3.

62. On s'aperçoit qu'un intervalle, par exemple 5 : 8 est renversé, lorsqu'en prenant la moitié 4 , du terme à l'aigu 8, et la portant au grave , il en résulte un rapport de 4 : 5 , qui est un rapport simple direct ; ou bien, à l'inverse, lorsque, par exemple , dans l'intervalle 3 : 5 , le terme au grave étant doublé 6 , et porté à l'aigu , il en résulte un rapport 5 : 6 , qui est un rapport simple direct.

63. Troisièmement, les consonnances *intervalles redoublés*.

On appelle intervalle redoublé tout intervalle qui excède les limites de l'octave , par exemple 1 : 3, *ut-sol*.

Dans un semblable intervalle , si l'on intercale un troisième son 2 , qui soit à l'octave du son grave , il reste à l'aigu , au-dessus de cette octave , l'intervalle 2 : 3.

Si, à l'inverse, partant de l'intervalle simple 2 : 3 , on cherche son redoublé , il ne s'agit que de baisser le terme grave 2 à son octave la plus voisine au grave 1 , pour avoir 1 : 3 ; ou bien , dans la crainte d'une fraction , de porter le terme aigu 3 à son octave la plus voisine à l'aigu, pour avoir 2 : 6 $=$ 1 : 3.

64. Donc tout intervalle simple se double en lui ajoutant l'étendue d'une octave, soit en haussant le son aigu à son octave la plus voisine, soit en baissant le son grave à son octave la plus voisine.

Le redoublement peut aussi avoir lieu en ajoutant une étendue de 2, 3 ou etc. octaves.

65. Tout intervalle redoublé peut être pris pour intervalle direct ou pour intervalle renversé.

66. Le tableau que nous avons donné (§ 54) des sons de la série dans la résonnance multiple , présente immédiatement plusieurs consonnances redoublées , savoir :

Redoublement		avec une octave,	avec deux octaves,	avec trois octaves.
de l'octave.....	UT — UT 1 : 2	ou double octave 1 : 4	ou triple octave...... 1 : 8	ou quadruple octave. 1 : 16
de la quinte.....	UT — SOL 2 : 3	ou douzième.... 2 : 6	ou dix-neuvième..... 2 : 12	
de la quarte.....	SOL — UT 3 : 4	ou onzième..... 3 : 8	ou dix-huitième ..... 3 : 16	
de la tierce maj^{re}	UT — MI 4 : 5	ou dixième maj^{re} { 4 : 10 2 : 5	ou dix-septième maj^{re} { 2 : 10 1 : 5	ou vingt-quatr.^e maj^{re} 1 : 40
de la tierce min^{re}	MI — SOL 5 : 6	ou dixième min^{re} 5 : 12		

67. L'expression numérique d'un intervalle redoublé se forme en ajoutant les nombres 7, 14 ou 21, suivant que l'intervalle simple s'agrandit d'une, de deux ou de trois octaves, pour composer l'intervalle redoublé ; parce qu'à chaque octave de plus on ajoute sept degrés. Ainsi la quinte, nom numérique, exprimant cinq 5

avec une octave de plus ou sept degrés. 7

s'appellera la douzième 12.ᵉ

68. On reconnaît qu'un intervalle exprimé en nombre de vibrations est redoublé, toutes les fois que le terme aigu peut être réduit à la moitié, au quart, au huitième; c'est-à-dire baissé d'une , de deux ou trois octaves, sans descendre au-dessous du terme grave ; ou bien , réciproquement , toutes les fois que le ton grave peut être doublé , quadruplé, octuplé , c'est-à-dire haussé d'une , de deux ou de trois octaves, sans monter au-dessus du terme aigu.

En opérant la réduction par l'un de ces moyens , on retrouvera l'intervalle simple.

69. Tout intervalle redoublé est de la même nature , c'est-à-dire majeur ou mineur, augmenté ou diminué , que l'intervalle simple qui lui correspond.

70. Tout intervalle complémentaire est de nature inverse de l'intervalle dont il est le complément ; ainsi, le complément d'un intervalle majeur est mineur , d'un intervalle augmenté est diminué , et réciproquement.

71. *Vibrations des cordes sonores selon leurs parties aliquotes.* — C'est encore une loi de l'acoustique que, dans les cordes sonores tendues, toutes choses égales d'ailleurs , les nombres de vibrations sont en raison inverse des longueurs des cordes (1).

Ainsi la corde entière 1   donnera le son 1

la moitié 1/2 2

le tiers . . . . . 1/3 . . . . 3 etc.

---

(1) A la rigueur, cela n'est expérimentalement vrai que pour les cordes ayant tout au plus 15 centièmes de millimètre d'épaisseur.

D'où il suit que la même série des sons de la résonnance multiple , que nous avons exprimée en nombre de vibrations partant du son 1 , par la suite des nombres entiers 1 , 2, 3, 4, 5, 6, 7, 8, 9, 10, 11, 12, 13, 14, 15, 16, peut s'exprimer, en longueurs de cordes, partant aussi du terme 1, par la suite des fractions

$$1 , 1/2, 1/3, 1/4, 1/5, 1/6, 1/7, 1/8, 1/9, 1/10, 1/11, 1/12,$$
$$1/13, 1/14, 1/15, 1/16.$$

72. Cela suppose que la corde 1 , vibrant dans toute sa longueur, vibre également et simultanément dans ses parties aliquotes 1/2 , 1/3, 1/4, etc. Aussi la résonnance multiple s'appelle-t-elle encore la résonnance des *aliquotes*.

73. En effet, par diverses expériences, on réussit assez bien à rendre ce phénomène presque sensible à la vue. On distingue des points fixes et immobiles ou les *nœuds* qui tombent sur les divisions aliquotes , et l'on aperçoit aussi des *ventres* dans les parties aliquotes vibrantes entre ces nœuds.

De plus, les calculs des géomètres démontrent la réalité de cette hypothèse (1).

74. *Explication de Riccati appliquée aux cordes aériennes.* — Parmi ces géomètres, l'italien Riccati (dans un ouvrage très-rare , imprimé à Bologne, en 1747, sous ce titre : *Delle corde ovvéro fibre elastiche schediasmi fisico matematici*) démontre que la corde vibrante

---

(1) M. Delezenne a fait voir à M. Marloye , (qui malheureusement pour la science vient de se retirer en province) , qu'on n'obtient aucun son distinct , en poussant l'archet sur le milieu d'une corde.

M. Duhamel , de l'académie des sciences , a expliqué et varié ce fait , dès qu'il en a eu connaissance. S'il fait mouvoir, dans le même sens , deux archets agissant sur deux points à égales distances du milieu de la corde , il n'a aucun son ; mais le son se produit net si les deux archets se meuvent en sens contraire.

Enfin , l'habile acousticien , M. Marloye, montrait sur son monocorde comment il ne se produit aucun son musical quand l'archet s'applique aux grandes divisions aliquotes de la corde. Il faisait voir aussi comment la corde mise en vibration à ses aliquotes 2 , 3 , 4 , 5 , laisse discerner comme 2 , 3 , 4 , 5 cordes différentes en mouvement sur la même section du monocorde.

forme rapidement une courbe équilibrée dans toutes ses parties , comme on le voit fig. 6.

La première courbe *a* s'accompagne de la seconde *b* , et cette seconde s'accompagne d'une troisième *c*, et ainsi de suite.

Ces courbes partielles sont toutes comprises dans la courbe totale.

75. Riccati démontre encore que toute corde ne peut vibrer qu'autant qu'elle oscille ou entière ou en même temps selon ses parties aliquotes.

76. De plus , supposant que le son se produit dans l'air par l'oscillation des cordes aériennes disposées sphériquement autour du centre sonore (supposition qu'il essaie de démontrer) , Riccati applique les mêmes raisonnements à ces cordes aériennes , non pas en admettant qu'elles vibrent à la manière des cordes solides , par des oscillations transversales, mais à leur manière , et par une ondulation progressive dans le sens de leur longueur.

77. Ces rayons de la sphère ou ces cordes aériennes étant de longueur indéterminée, même dans un espace fermé où , par réflexion , elles se continuent indéfiniment , sont aptes à rendre un son quelconque. Mais nécessairement la corde aérienne qui rend ce son est également divisée, comme la corde solide , en parties aliquotes, par des points immobiles, entre lesquels se fait l'ondulation ; et cette corde elle-même, dans son étendue proportionnelle au son qu'elle doit rendre, est nécessairement une partie aliquote de la corde indéfinie qui se prolonge soit directement dans l'atmosphère, soit par réflexion dans les endroits fermés.

78. Chladni s'est exercé aussi à chercher les diverses courbes que forment les cordes vibrantes, selon leurs divisions en parties aliquotes.

79. *Explication des frères Weber.* — Les frères Weber (dans leur ouvrage dédié à Chladni, imprimé à Leipzig en 1825 , sous le titre : *Wellenlehre, etc.*) démontrent aussi que *l'oscillation progressive* qui résulte des premiers mouvements sonores imprimés à la corde vibrante , se change rapidement en *oscillation fixe* , dans

laquelle sont comprises, d'une manière permanente, les oscillations partielles des parties aliquotes.

Ils démontrent ainsi, par le mouvement nécessaire des ondulations de la corde sonore, ce que Riccati avait démontré par la figure nécessaire de cette même corde (1).

Ces indications nous suffisent pour entrevoir les causes de la résonnance multiple.

80. Puisque, sous certaines conditions, cette résonnance accompagne un son unique, elle accompagnera aussi chacun des deux sons que fait entendre un unisson ou un intervalle quelconque.

81. *Communication des sons.* — L'expérience, d'accord avec le raisonnement, prouve que si plusieurs cordes sont accordées entr'elles à l'unisson ou à peu près, la vibration fortement prolongée de l'une de ces cordes met les autres aussi en vibration sensible; et que, par conséquent, un son se communique aux corps disposés pour entrer en vibration d'une manière analogue.

82. *Production du troisième son.* — De plus, il y a encore un autre phénomène de l'acoustique moins connu, et surtout moins bien observé que le précédent, savoir :

Lorsque deux sons, sous certaines conditions, sont entendus en même temps, ils produisent au grave un troisième son.

Comment cela peut-il avoir lieu ? Et comment deux cordes sonores, vibrant simultanément, et différentes quant au son qu'elles produisent, peuvent-elles faire entendre un son plus grave que celui qui appartient à la plus basse de ces deux cordes ?

83. Riccati en donne la démonstration (page 84). Nous nous bornerons à en donner, sans figure, l'idée principale.

Puisque, de chacun des deux centres sonores où se produit chacun de ces deux sons, il part des rayons sonores dans toutes les directions,

---

(1) De même que pour les *ondes lumineuses*, on peut donner une image parfaite des *vibrations sonores* en secouant une corde par l'un de ses bouts ; car on voit alors des ondes se propager en serpentant jusqu'à l'autre bout : la propagation se fait le long de la corde, mais les vibrations s'exécutent en travers.

il considère seulement deux de ces rayons ou cordes sonores aériennes
en mouvement, lesquelles, se rencontrant obliquement, ébranlent une
troisième corde dans la direction de la diagonale. Cette dernière par-
ticipe de ces deux sons et les reproduit simultanément. Pour cela il
faut qu'elle ait une longueur telle que les deux autres cordes y soient
contenues comme parties aliquotes , ce qui ne peut avoir lieu qu'en
supposant que la corde totale sera à la fois un multiple des deux
cordes partielles , ou le produit de l'une par l'autre.

84. Supposons que les deux sons entendus simultanément fassent
entendre la tierce majeure , par exemple *ut-mi = vibration* 4 : 5 ,
Puisqu'il s'agit ici de longueur de cordes , nous renverserons ce rapport , et nous dirons : *ut-mi = longueur* 5 : 4. La même corde
aérienne qui reproduira simultanément ces deux sons aura de longueur 5 × 4 ; *ut,* 5 vibrera 4 fois , et *mi,* 4 vibrera 5 fois avant que
la corde entière qu'ils mettent en mouvement soit revenue au point
de départ , c'est-à-dire avant qu'elle ait achevé une vibration double
ou deux oscillations. Les trois sons seront entr'eux comme *longueur*
20 : 5 : 4. Les deux plus graves comme 20 : 5 = 4 : 1 , ou , en
vibration , 1 : 4 , dans l'ordre suivant :

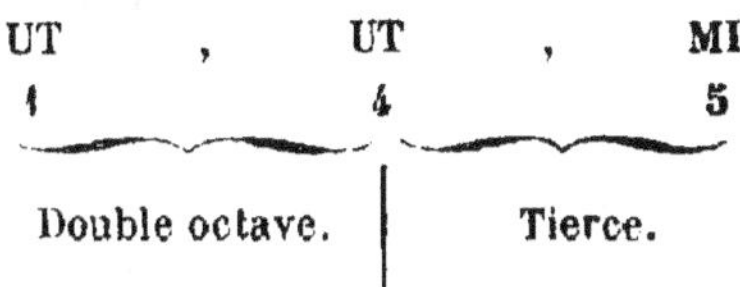

85. *Application aux consonnances.* — Faisons l'application de
cette théorie à toutes les consonnances directes : Nous voyons d'abord
que toutes les fois que le terme grave en vibration est l'unité , il ne
peut y avoir un troisième son produit, puisque la multiplication par 1
ne change pas le nombre. Ainsi, par exemple, les consonnances d'octave, de douzième, etc., où le terme au grave est l'unité, ne produisent
rien. Toutefois le son grave est renforcé par l'autre son consonnant ;
car, dans l'octave, par exemple, la corde 1 vibrant deux fois dans la
corde 2, ajoute à la force motrice de cette corde 2 qui vibre une fois.

86. Parcourant de la même manière les autres consonnances, nous
trouvons les résultats ci-après :

INTERVALLE des sons simultanés.	EXEMPLES en longueurs de cordes.	PRODUIT ou valeur du troisième son.	SÉRIE des trois sons en longueurs.	SÉRIE en vibrations.	INTERVALLE que forme le troisième son au-dessous du plus grave des deux sons simultanés
Quinte	UT — SOL 3 : 2	6	6 : 3 : 2 : 1	UT — UT — SOL 1 : 2 : 3	Octave. . . . . 1 : 2
Quarte	SOL — UT 4 : 3	12	12 : 4 : 3 : 1	UT — SOL — UT 1 : 3 : 4	Douzième. . . . . . . 1 : 3
Tierce majeure.	UT — MI 5 : 4	20	20 : 5 : 4 : 1	UT — UT — MÍ 1 : 4 : 5	Double octave... 1 : 4
Tierce mineure.	MI — SOL 6 : 5	30	30 : 6 : 5 : 1	UT — MI — SOL 1 : 5 : 6	Dix-sept.ᵉ majʳᵉ . 1 : 5

En continuant de cette manière dans tous les cas possibles des intervalles dont le rapport serait exprimé par les nombres les plus simples , nous trouverons toujours l'unité pour l'expression du troisième son produit au grave.

87. *Suite des considérations sur la production du troisième son.* — Si nous observons de plus que chacun des deux sons est nécessairement accompagné de ses aliquotes à l'aigu , et que la simultanéité de ses aliquotes reproduit au grave pour chacune un troisième son , nous verrons qu'au-dessus du son 1 , qui est le plus grave, se forme d'abord un nouveau 2 qui représente le produit de la première aliquote de chacun des deux sons, c'est-à-dire de leur octave, et ainsi de suite.

Par exemple , dans la tierce mineure *mi sol , longueur* 6 : 5 ou 6/1 : 5/1 , nous aurons en longueur de corde :

Produits du troisième son au grave.	Sons simultanés	Aliquotes à l'aigu.
$\dfrac{30}{1} \quad \dfrac{30}{2} \quad \dfrac{30}{3} \quad \dfrac{30}{4}$	$\text{SOL} \dfrac{5}{1}$ $\text{MI} \dfrac{6}{1}$	$\dfrac{5}{2} \quad \dfrac{5}{3} \quad \dfrac{5}{4}$ etc. $\dfrac{6}{2} \quad \dfrac{6}{3} \quad \dfrac{6}{4}$ etc.

Ou bien , en renversant les fractions pour avoir la même série en vibrations :

$$\begin{array}{lccccc}
 & \text{MI} , & \text{SI} , & \text{MI etc.} & & \\
 & 5 , & \text{———} & 10 , & 15 , & 20 \;\text{etc.} \\
1 . \; 2 . \; 3 , \; 4 , & \text{—} & 6 , \text{——} & 12 , & 18 , & 24 \;\text{etc.} \\
\text{UT, UT, SOL, UT,} & \text{MI,} & \text{SOL,} & \text{SOL,} & \text{RÉ,} & \text{SOL etc.}
\end{array}$$

Nous voyons qu'il se forme au grave autant de fois un troisième son qu'il en faut pour remplir la série entière , depuis l'unité jusqu'au nombre qui exprime le plus grave des deux sons entendus simultanément.

Car de même que 5:6 ont produit au grave le son 1 *ut*.

Leur double	10:12 produira	2 *ut* , octave.
Leur triple	15:18	3 *sol*, quinte.
Leur quadruple	20:24	4 *ut*, doub. oct.

Donc , en principe général, deux sons quelconques entendus simultanément tendent à compléter au grave la série entière des sons, dans l'ordre des aliquotes , à partir du son 1.

Nous disons *tendent* à produire ; car , malgré la rigueur du principe mathématique , pour que cette production se réalise physiquement , il faut d'abord que les deux sons primitifs soient assez forts et assez prolongés pour mettre en mouvement les cordes sonores qui les réunissent , lesquelles , au lieu de vibrer sous l'influence immédiate du corps sonore , vibrent seulement par la rencontre d'une portion des rayons sonores partis du centre , et par conséquent nous apportent un son beaucoup plus faible. Il faut encore que ce son faible qui , comme nous le voyons au tableau (§ 86) ci-dessus , est d'autant plus abaissé au grave que le rapport des deux sons principaux est moins simple , ne soit pas descendu au-dessous de la limite des appréciables, c'est-à-dire de 32 vibrations au plus bas. Encore, à cette limite , et même au-dessus , sa faiblesse pourrait le rendre trop sourd. Voilà pourquoi les deux sons primitifs ne peuvent être pris dans les octaves basses du clavier.

Nous voyons donc comment la simultanéité de deux sons à l'aigu , forts , justes et prolongés , produit au grave un troisième son faible et sourd , qui , par le nombre de ses vibrations , représente le premier terme de la série des aliquotes à laquelle appartiennent les sons aigus, et de plus tend à produire tous les autres termes intermédiaires. (1)

---

(1) On raconte que Chérubini , assistant à une répétition , interrompit l'orchestre pour faire remarquer une note qu'il entendait et qui n'était pas dans la partition. Les exécutants furent bientôt justifiés. Cette théorie du troisième son n'est donc pas indifférente aux compositeurs , et peut leur expliquer des effets bien observés sans doute , mais sans connaissance de cause.

89. *Cas dans lesquels se produisent les battements.* — Mais si les deux sons aigus, au lieu d'être en consonnance juste, présentent une légère différence qui fasse dévier l'un des deux de cette justesse, qu'arrive-t-il? L'oreille nous l'apprend. Il se forme des battements sur le troisième son au grave, et c'est même alors que ce troisième son est plus facile à saisir ; car, tant qu'il est juste et parfaitement harmonique avec les deux autres, il se confond trop aisément dans cet effet général harmonique, dans cette fusion parfaite des sons, laquelle ne permet pas de le bien distinguer.

C'est quand ce son se produit et se fond bien dans les deux autres, que l'artiste juge que son instrument est bien accordé. Il tourne la cheville jusqu'à ce que les battements disparaissent.

90. Nous dirons donc que, dans le cas où l'intervalle consonnant n'est pas rendu avec justesse, il y a battement sur le troisième son au grave.

Ces battements supposent qu'il se produit au grave deux sons voisins de l'unisson, et entre lesquels il se trouve une différence de vibrations double du nombre des battements. Mais nous ne savons pas quel est le nombre des vibrations qui forme l'altération de l'intervalle dans les sons aigus, ni sur lequel des deux sons porte cette différence ; nous ignorons encore si cette différence est en plus ou en moins.

91. *Lois du phénomène des battements.* — Examinons donc le phénomène et calculons en les lois dans ces différents cas, afin de trouver la règle qui devra nous conduire.

Nous prendrons pour exemple l'intervalle consonnant de tierce majeure *ut - mi, vibr.* 4 : 5, produit par les vibrations 400:500, et nous supposerons successivement, dans chacun de ces sons, une altération de deux vibrations soit en plus soit en moins. Pour l'examen de chacun de ces quatre cas, il suffira de comparer les longueurs des cordes du troisième son au grave.

Or, quand il s'agit de la tierce majeure, le troisième son au grave qui, d'après les vibrations est 1 $\left\{\begin{array}{l} 5 \ mi \\ 4 \ ut \\ 1 \ ut \end{array}\right.$ c'est-à-dire ,

le 1/4 du son inférieur et le 1/5 du supérieur, est, à l'inverse ,

d'après les longueurs des cordes , 20 $\left\{\begin{array}{l} 4 \ mi \\ 5 \ ut \\ 20 \ ut \end{array}\right.$ c'est-à-dire ,

le quadruple de la corde basse , et le quintuple de la corde supérieure. D'après les nombres de vibrations supposées, le troisième son au grave sera donc en vibrations :

$$100 \left\{\begin{array}{l} 500 \\ 400 \\ 100 \end{array}\right\} \quad \text{ou , en longueurs de cordes :} \quad 2000 \left\{\begin{array}{l} 400 \\ 500 \\ 2000 \end{array}\right.$$

Il ne s'agit plus que de comparer la corde 2000 avec celle qui résultera de l'altération dans les différents cas.

92. 1er. cas .Altération de 2 *vibrations en plus* à la corde supérieure *mi* devenue 502 vibrations.

Par le renversement, les longueurs de corde seront

comme $\left\{\begin{array}{l} 400 \\ 502 \end{array}\right.$ Donc la longueur de la corde du troisième son au

grave ou la corde fausse sera le quadruple de 502 ou 2008, corde fausse comparée à la corde   2000, corde vraie.

Différence. . . . . Vibrations ,   8

                   Battements ,   4

93. 2e cas. Même altération *en moins* à la même corde *mi* devenue 498.

Par le renversement , les longueurs seront

comme $\left\{\begin{array}{l} 400 \\ 498 \end{array}\right.$ La longueur de la corde du troisième son au

grave , corde fausse , quadruple de 498 sera 1992 , corde fausse comparée à la corde   2000 , corde vraie,

Différence. . . . . Vibrations ,   8

                  Battements ,   4

94. 3e. cas. Même altération *en plus* à la corde inférieure *ut* , devenue 402.

Par le renversement , les longueurs seront comme $\left\{ \begin{matrix} 402 \\ 500 \end{matrix} \right.$

La longueur de la corde du troisième son au grave , corde fausse ,
quintuple de 402   2010, corde fausse,
comparée à la corde   2000, corde vraie ,

    Différence......... Vibrations .   10
                    Battements .   5

95. 4e. cas. Même altération *en moins* à la corde inférieure *ut* , devenue 398.

Par le renversement , les longueurs seront comme $\left\{ \begin{matrix} 398 \\ 500 \end{matrix} \right.$

La longueur de la corde du troisième son au grave , corde fausse ,
quintuple de 398   1990, corde fausse ,
comparée à la corde ,   2000, corde vraie.

    Différence......... Vibrations ,   10
                    Battements ,   5

96. Pour avoir, ainsi que nous l'avons fait ci-dessus , le total de la différence de la corde fausse au grave comparé à la corde vraie , l'opération se réduit à multiplier la différence 2 qui est dans la corde altérée par celui des deux termes du rapport qui exprime la corde juste , c'est-à-dire, si l'altération est en haut sur le terme correspondant à 5, on la multiplie par l'autre terme 4 , et si elle est en bas sur le terme correspondant à 4 , on la multiplie par l'autre terme 5.

97. *Règle pour trouver les battements d'après l'altération des consonnances.* — Donc , en général, dans les consonnances altérées par un nombre donné de vibrations *en plus ou en moins,* pour avoir les battements du troisième son au grave , il suffit de connaître le rapport simple de l'intervalle dont il s'agit , et de multiplier la moitié du nombre des vibrations qui altère une corde par le terme du rapport simple qui correspond à la corde non altérée.

Cette règle sert pour tous les cas et pour toutes les consonnances.

Le moyen le plus simple pour éclaircir cette règle , est d'y appliquer les mêmes exemples des quatre cas ci-dessus détaillés , mais en les dégageant de la transformation que nous leur avons fait subir *en longueurs de cordes*, pour la démonstration des battements , savoir :

TIERCE MAJEURE.			1er	2e	3e	4e cas
Termes du rapport.	Exemple non altéré.					
5	500	Altérations {	502	498	500	500
4	400		400	400	402	398

	1er	2e	3e	4e cas
Nombre de vibrations simples produites par l'altération.	2	2	2	2
Moitié.	1	1	1	1
A multiplier par le chiffre du terme non altéré.	4	4	3	5
Produits ou battements.	4	4	5	5

Autre exemple :

Soit la *quinte altérée* 434 : 656 , quels battements donnera-t-elle ?

Termes du rapport.	Intervalles non altérés.	Exemple donné.		
3	654	656	Excédant ou altération. . .	5
2	434	434	Moitié.	2 1/2
			A multiplier par.	2
			Produits ou battements. . .	5

98. Donc, le nombre absolu des vibrations de chacune des deux cordes n'entre pour rien dans le calcul, puisqu'il n'est question que du rapport simple de l'intervalle non altéré, et de la différence qui produit l'altération.

Donc, un même nombre de vibrations en plus ou en moins , produisant l'altération d'un même intervalle consonnant . donnera , sur le troisième son au grave, un même nombre de battements, soit que cette consonnance soit prise dans le milieu, dans le haut ou dans le bas du clavier.

Donc, dans une même consonnance, un même nombre de vibrations employé de la même manière, pour altérer l'une des deux cordes, ne produit pas toujours le même effet sur le troisième son au grave, quand l'altération se porte sur la corde supérieure ou sur la corde inférieure ; car le nombre de vibrations doit être calculé par un terme qui n'est pas le même dans les deux cas. (§ 96).

99. L'examen des quatre cas calculés ci-dessus présente encore les résultats ci-après :

L'altération par un même nombre de vibrations en plus ou en moins sur une même corde ne change rien au nombre des battements du troisième son au grave, puisque les deux premiers cas donnent chacun 4 battements, et les deux derniers donnent chacun 5 battements. Quand l'altération a été faite en moins dans l'une des deux cordes, le troisième son faux au grave est plus haut que le troisième son vrai.

100. *Règle inverse pour conclure l'altération d'après les battements.* — Puisque nous avons trouvé la règle d'après laquelle, partant d'un nombre donné d'altération d'une consonnance, nous pouvons conclure le nombre de battements qui en résultera sur le troisième son au grave, en appliquant cette même règle à l'inverse, et partant d'un nombre donné de battements sur le troisième son au grave, nous pourrons conclure le mode d'altération de la consonnance.

101. Le nombre des battements étant doublé donnera le nombre de vibrations qui, sur le troisième son au grave font la différence entre la corde fausse et la corde vraie ; et, divisant ce même nombre de vibrations par le terme du rapport simple qui exprime, dans la consonnance, la corde non altérée, soit la corde inférieure, soit la corde supérieure, on retrouvera le nombre de vibrations qui produit, en plus ou en moins, l'altération de l'autre corde.

Par exemple, dans la consonnance altérée *ut-mi*, 4 : 5, si nous entendons au grave 4 battements, nous dirons : différence au troisième son 8 vibrations. Et si nous supposons que la corde *ut*, représentée par le terme 4 du rapport, est la bonne, nous dirons : 8/4 = 2 *vibrations* d'altération en plus ou en moins sur la corde *mi*. Si nous supposons au contraire que la corde *mi* est la bonne, nous dirons 8/5 de *vibrations* d'altération en plus ou en moins sur la corde *ut*.

Ou bien, si nous entendons au grave 5 battements, nous dirons : 10 *vibr.* différence au grave ; 10/5 = 2 *vibr.* d'altération en plus ou en moins sur le *mi ;* ou bien 10/4 = 2 1/2 *vibr.* en plus ou en moins sur l'*ut*.

Il ne reste plus qu'à savoir si l'altération est en plus ou en moins. Pour que cette dernière question soit décidée, il faut que l'oreille puisse discerner, dans le battement sur le troisième son au grave, la place de la corde juste.

Quand la corde vraie, troisième au grave, est la plus haute en vibrations, l'altération a été faite en plus ; quand la corde vraie est la plus basse, l'altération a été faite en moins. C'est donc une affaire de sentiment, de délicatesse d'oreille et d'habitude, à quoi on ne peut suppléer que par tâtonnement.

La distinction de la corde vraie d'avec la corde fausse, dans le battement au grave, suppose que l'on a d'avance déterminé sur lequel des deux sons à l'aigu porte l'altération ; car autrement, l'un ou l'autre indifféremment peut être pris pour le son non altéré. Ainsi, il faut savoir si la consonnance est accordée sur la corde inférieure ou sur la corde supérieure. Si la chose reste indéterminée, la question se résout de deux manières, suivant l'une ou l'autre de ces suppositions.

102. *Recherche du mode d'altération qui produira 1 battement sur le troisième son.* — Nous allons faire l'application de la règle ci-dessus (§ 96) aux consonnances, et chercher quel doit être, pour chacune d'elles, le mode d'altération qui produira un battement sur le troisième son au grave. Pour avoir deux, trois, quatre, etc. battements, il suffira de doubler, tripler, quadrupler, etc., le nombre de vibrations que nous avons fixé pour l'altération produisant un battement.

TABLEAU du nombre de vibrations, en plus ou en moins, produisant l'altération des consonnances, d'où résulte un seul battement ou deux vibrations de différence au grave (§ 96).

Nota. — Les consonnances d'octave, *vibrations* 1 : 2, de douzième, 1 : 3, de double octave 1 : 4 et, en général, tous les intervalles réduits à leur rapport le plus simple, dont le premier terme au grave est exprimé par l'unité, ne produisent pas de troisième son au grave. Mais pour produire un battement sur la corde inférieure (troisième son au grave), il faut changer le mode d'altération, suivant que les vibrations ajoutées ou retranchées portent sur la corde supérieure ou sur la corde inférieure. C'est pourquoi nous ajoutons ces intervalles au bas du tableau. Pour toutes les autres consonnances, le battement a lieu sur le troisième son au grave.

CONSONNANCES.			RAPPORT simple en vibrations.	NOMBRE DE VIBRATIONS ajoutées ou retranchées à la corde	
				supérieure. (2 divisé par le 1.er terme.)	inférieure. (2 divisé par le 2.e terme.)
Quinte..............................	UT ,	SOL	2 : 3	2/2 = 1	2/3
Quarte	SOL ,	UT	3 : 4	2/3	2/4 = 1/2
Tierce majeure......................	UT ,	MI	4 : 5	2/4 = 1/2	2/5
Tierce mineure......................	MI ,	SOL	5 : 6	2/5	2/6 = 1/3
Sixte majeure.......................	SOL ,	MI	3 : 5	2/3	2/5
Sixte mineure.......................	MI ,	UT	5 : 8	2/5	2/8 = 1/4
Douzième ou quinte et octave........	UT (*ut*)	SOL	1 : 3	2/1 = 2	2/3
Dixième majeure ou tierce majeure et octave......	UT (*ut*)	MI	4 : 10 = 2 : 5	2/2 = 1	2/5
Dix-septième maj^{re} ou tierce maj^{re} et double octave	UT(*ut,ut*)	MI	4 : 20 = 1 : 5	2	2/5
Unisson.............................	UT	UT	1 : 1	2	2
Octave..............................	UT ,	UT	1 : 2	2	2/2 = 1
Double octave......................	UT (*ut*)	UT	1 : 4	2	2/4 = 1/2

103. *Métronome et son usage.* — Jusqu'ici nous avons supposé qu'il s'agissait toujours d'un nombre de battements ou de vibrations pendant la durée juste d'une seconde, parce que c'est là en effet la mesure commune admise pour tous les sons.

Il faut donc avoir, dans la pratique, un moyen certain de s'assurer de la durée exacte du temps dans lequel s'effectue tel ou tel nombre de battements ou de vibrations.

On se sert d'un métronome qui consiste dans un petit pendule avec un poids mobile. Ce métronome effectue ses mouvements plus ou moins vite, selon qu'on raccourcit le pendule en élevant le poids, ou qu'on l'allonge par le moyen contraire.

La règle plate qui forme ce pendule est graduée, de bas en haut, depuis le N.° 40 jusqu'au N.° 90 (1), pour indiquer le nombre de mouvements depuis 40 jusqu'à 90 qu'il exécute dans une minute de temps. La graduation est faite de manière que l'intervalle d'un degré à un autre est divisé en dixièmes.

104. Supposons donc deux sons entendus simultanément, formant une consonnance altérée. Nous percevons les battements sur le troisième son au grave, et nous voulons en mesurer la durée pour savoir à quel nombre de vibrations par seconde ils correspondent.

Mettant le métronome en mouvement, et d'abord au N.° 60 ; si chaque mouvement coïncide exactement avec quatre battements, nous en concluons qu'il y a, sur le troisième son au grave, une différence de quatre battements ou 8 vibrations par seconde. Car, dans cet état de choses, le métronome fait 60 mouvements par minute ou un mouvement par seconde ; et, dans ce même temps, on perçoit quatre battements qui correspondent à une différence de huit vibrations. Puis, de ce nombre huit, nous concluons un nombre de vibrations qui produisent l'altération, en raisonnant comme il a été dit ci-dessus (§ 102) d'après l'espèce de consonnance, etc.

105. Mais si le nombre des battements ne coïncide pas exactement

---

(1) Dans son écrit imprimé à Essen en 1834, Scheibler donne le dessin de son métronome numéroté de 50° à 90°. Dans un autre écrit imprimé à Crefeld en 1836, il en donne un nouveau dessin, de grandeur naturelle, numéroté de 45 à **90**. Enfin, dans son manuscrit, il le mentionne numéroté de **40** à 90.

avec un mouvement de métronome au N.° 60, il faut chercher le véritable N.° de la coïncidence , c'est-à-dire hausser ou baisser le poids. En le haussant , chaque mouvement est plus rapide , il en passe un plus grand nombre à la minute ; et , en le baissant , chaque mouvement est plus lent , il en passe un moindre nombre à la minute.

106. Si les vibrations qui ne coïncident pas exactement avec le N.° 60 coïncident par exemple avec le N.° 61 , on fait le raisonnement suivant : Les 8 vibrations qui ont lieu pendant un mouvement au N.° 61 se font dans un temps plus court que la seconde de temps , puisque le mouvement du pendule est accéléré ; donc, dans la seconde juste , il s'en fera un plus grand nombre. En allant du N.° 60 au N.° 61, j'ai raccourci la durée de 1/60° ; donc je dois augmenter de 1/60° le nombre de vibrations qui correspondent au N.° 60.

Dans ce cas , j'aurai :
8 *vibrations* au N° 61 = 8 + 8/60 = 8 + 2/15 ou 1/7,5 au N° 60.
Si la coïncidence avait lieu au N.° 59 , j'aurais eu à l'inverse ,
8 — 1/7,5

107. Chaque degré au-dessus du N.° 60 ajoute en vibration 1/60 du nombre que l'on aurait eu au N.° 60. Chaque degré au-dessous du nombre 60 retranche en vibrations 1/60 du nombre que l'on aurait eu au N.° 60.

Pareillement , puisque le degré est divisé en 1/10°, chaque division de degré en-dessus ou en-dessous d'un numéro quelconque , ajoute ou retranche en vibrations 1/600 du nombre que l'on aurait eu à ce numéro.

108. Donc il est très-facile de réduire à la durée exacte de la seconde un nombre quelconque de vibrations à un numéro quelconque du métronome. Pour abréger les calculs , on peut recourir aux aliquotes en considérant qu'en général , supposant toujours 4 battements à un numéro quelconque, 60 *deg.* équivalent à 8 *vibr.;* 7 1/2 à 1 *vibr.*, 0,75 à 1/10 de *vibr.* Et à l'inverse , que

8 *vibr.* correspondent à 60°.
1 *vibr.* id. à 7" 1/2.
1/10 *vibr.* id. à 0°, 7 1/2.

109. *Conclusion.* — Nous tenons enfin toutes les notions préliminaires qu'il fallait avoir pour comprendre les travaux de Scheibler, pour examiner et juger les instructions qu'il a laissées par écrit , apprécier ce qu'il y a de neuf et d'heureusement inventé , et reconnaître aussi ce qu'il y a d'obscur, d'inexact ou de faux dans les principes théoriques dont il s'est aidé en aveugle , pour une pratique constamment juste ; enfin pour transformer des formules compliquées , proposées par tâtonnement et sans connaissance de cause, en formules très-simples et plus générales , immédiatement déduites d'une théorie démontrée.

110. Nous n'avons point connaissance du Mémoire qu'il a remis à l'Institut ; mais nous avons étudié soigneusement et analysé , pour notre compte , dans le plus grand détail , les écrits seulement à notre disposition , savoir :

1.° *Mittheilung über das Wesentliche des (bei Baedeker in Essen erschienenen) musikalischen und physikalisvhen Tonmessers, von Henrich-Scheibler. Crefeld ,* 1836 , 14 pages.

Communication sur ce qu'il y a d'essentiel (dans la théorie et la pratique) sur le sonomètre musical et physique (qui a été mis au jour à Essen , chez Baedeker) , par H. *Scheibler* , manufacturier en soieries à Crefeld , opuscule de 14 pages in-12.

2.° Un manuscrit en français , de 30 pages , de la main de Scheibler, intitulé : *Résumé du livre :* le Tonomètre physical et musical, *ou la manière de mesurer et de reproduire (visiblement à l'œil) les vibrations absolues des tons simples et de combinaison par les battements et le pendule , ainsi qu'une méthode facile de tempérer l'orgue sur les mêmes principes,* par Scheibler, etc. (1)

3.° Un Fragment , en allemand , détaché, lithographié , représentant la figure des battements , avec une explication en 12 lignes.

4.° Un grand *Tableau* , en allemand , présentant les opérations à exécuter par l'accordeur de l'orgue , d'après les calculs de l'auteur.

---

(1) J'écris Tonomètre quand je fais parler Scheibler d'après l'allemand Tonmesser, et j'écris Sonomètre quand je parle en français.

Nota. Le premier de ces ouvrages mentionne deux autres opuscules du même auteur, qui doivent se trouver résumés dans le manuscrit (1).

---

(1) De plus, nous avons maintenant à notre disposition :

1.º Le premier écrit de Scheibler, imprimé à Essen en 1834 ;

2.º Un petit travail de Loehr sur l'invention de Scheibler, imprimé à Crefeld en 1837. Il y reproduit sans discussion *la fausse théorie des sons de combinaison ;*

3.º Un recueil des écrits de Scheibler, imprimé après sa mort, à Crefeld, en 1838.

Nous ne faisons aucun usage de ces ouvrages pour le but que nous nous proposons, puisque dans le manuscrit de l'auteur, à Paris, en 1836, nous trouvons tout ce qu'il a jugé nécessaire. Mais on y voit confusément arrangées un assez grand nombre de *variantes,* de questions accessoires (la plupart déjà traitées dans le Mémoire de M. Vincent) et d'observations intéressantes pour la pratique.

Si dans notre présent travail, uniquement destiné à éclaircir la théorie, nous élaguons ces détails, il n'en sera pas moins nécessaire de les recueillir lorsqu'on s'occupera de composer un *Manuel théorique et pratique à l'usage des accordeurs d'orgue et de piano par la méthode de Scheibler.* Ce serait un grand bienfait pour les artistes et surtout pour les habitants des petites villes de province et des maisons de campagne éloignées des villes. Nous avons vu à quelles extrémités on y est presque toujours réduit par le défaut d'accordeur.

La composition d'un tel ouvrage exige le concours simultané de théoriciens *sachant et voulant se mettre à la portée de tout le monde,* de facteurs expérimentés tant pour l'orgue que le piano, et déjà familiarisés avec la pratique Scheibler, et enfin de fabricants de fourchettes opérant sous leur direction, avec la précision requise.

Par une heureuse coïncidence, toutes ces conditions indispensables nous paraissent en ce moment remplies, et, pour ainsi dire, accomplies déjà pour une telle collaboration, par les rapports établis entre un professeur tel que M. Lissajous, des facteurs tels que M. Aristide-Cavalier Coll qui a reçu de Scheibler lui-même, en 1836, les directions primitives ; de M. Wolfel, qui, ne pouvant à aucun prix se procurer d'Allemagne les appareils nécessaires, a renouvelé pour son compte les travaux de l'inventeur, en se pénétrant de sa théorie et fabriquant dans ses ateliers le sonomètre et les appareils au moyen desquels il donne à ses pianos la perfection de l'accord ; enfin de M. Secrétan, successeur de M. Lerebours, déjà occupé pratiquement de ces questions.

Il ne faut ni plus ni moins que cette réunion d'hommes spéciaux et seuls, pour ainsi dire (depuis l'éloignement de M. Marloye et la mort de MM. Savart), en possession de cette science théorique et pratique, pour satisfaire à un besoin si général.

L'approbation des artistes ne peut-être douteuse. Nombre d'opuscules allemands sont remplis des éloges donnés à l'accord Scheibler, notamment par le chevalier Neukomm qui, dès la première annonce, s'était rendu de Londres en Allemagne pour en vérifier le mérite et s'est plu à le proclamer hautement. Il a même donné expressément une pièce d'harmonie modulée pour la vérification de cet accord.

SECONDE PARTIE.

EXAMEN RAPIDE DES ÉCRITS DE SCHEIBLER MENTIONNÉS AU § 110.

---

111. Après avoir présenté avec détail, d'après les principes élémentaires de l'acoustique, dans la théorie des ondes sonores et des cordes vibrantes et la production du troisième son, les causes et les effets des *battements*, desquels, avec un bonheur infini, Scheibler a déduit une méthode neuve et infaillible pour l'accord rigoureusement exact des instruments de musique, méthode que pourtant il ne savait expliquer d'une manière satisfaisante, il semblerait à propos de donner un aperçu de ses idées particulières par l'analyse de ses opuscules.

Mais ce serait refaire, sans utilité réelle, le travail pénible et fastidieux auquel nous nous étions résigné par le désir curieux de voir le fond de ses raisonnements et la cause de ses illusions.

Nous nous bornerons donc à mentionner ici les principales remarques écrites par nous en 1837, dans l'examen analytique des écrits de Scheibler.

112. 1.º Son écrit en allemand intitulé : *Communication sur le Tonomètre*, *etc.* Première observation. §§ 1,2 et 3. — Les idées contenues dans ces paragraphes sont simples et facilement saisies quand on possède les notions préliminaires que nous avons établies Mais, pour un lecteur pris au dépourvu, elles présentent des énigmes qui l'arrêteraient à chaque mot.

113. Deuxième observation. § 7. — C'est ici l'idée capitale de l'inventeur , sur laquelle est fondé le mérite réel de son invention , savoir : que l'*œil*, discernant de simples mouvements de pendule , conduit à des résultats d'une justesse que l'*oreille* la plus délicate n'obtiendrait jamais par la simple sensation de l'unisson ou d'une consonnance quelconque. Et en effet , nous avons vu chez Scheibler des musiciens dont l'oreille était fort exercée , ne pouvoir prononcer sur une différence de deux sons donnés par des fourchettes d'acier qui leur semblaient à l'unisson parfait, tandis que Scheibler, au moyen des battements , leur prouvait qu'il y avait une différence, l'évaluait en vibrations et la faisait disparaître à volonté.

114. Troisième observation. (Suite du § 7.) — L'auteur indique ici très-brièvement une manière d'accorder un piano dans le tempérament égal , au moyen de 6 fourchettes ajustées plus bas, de manière à produire chacune 4 battements sur les sons à accorder ; savoir : *la* (diapason). *si* , *ut* ♯ , *ré* ♯ , *mi* ♯ , *fa* ♯♯ (*sol*). Nous croyons utile de développer ici ce procédé expéditif (1).

On accordera ces six cordes, ainsi que leurs octaves supérieure et inférieure. Et comme, de l'une à l'autre , il y a un intervalle d'un ton majeur , produit de deux quintes , la note intermédiaire ou la quinte, s'accordera facilement d'oreille entre la quinte supérieure et la quinte inférieure. La quinte se trouvera plus faible en montant et plus forte en descendant, comparée à la quinte juste.

---

(1) Scheibler, en quittant Paris , avait laissé à l'un de ses compatriotes six fourchettes ainsi ajustées ; celui-ci les a emportées en pays étranger. M. Wolfel les a fabriquées pour son compte , ainsi qu'un autre appareil complet de douze fourchettes pour accorder par battements toutes les cordes. Ce double moyen avait été indiqué d'après Scheibler, dans l'opuscule de Loebr.

M. Wolfel y ajoute une graduation sur l'une des branches de la fourchette, dont il varie le diapason au moyen d'un curseur qui s'arrête à la ligne indiquée, pour accélérer ou ralentir les vibrations dans une proportion déterminée. La variation est justement d'un demi-ton , et peut se diviser en douze parties.

Voici la disposition dans l'étendue de l'octave intermédiaire :

ÉCHELLE des douze degrés chromatiques.			SIX FOURCHETTES ajustées à 4 batt.ᵉ (degrés impairs).	SIX SONS INTERMÉDIAIRES accordés d'oreille. (degrés pairs.)		
0	LA octave.					
12	SOL♯	LA♭		UT♯♯	RÉ	6
11	FA♯♯	SOL				
10	FA♯	SOL♭		SI♯	UT	4
9	MI♯	FA				
8	MI			LA♯	SI♭	2
7	RÉ♯	MI♭				
6	RÉ			SOL♯	LA♭	12
5	UT♯	RÉ♭				
4	UT			FA♯	SOL♭	10
3	SI					
2	LA♯	SI♭		MI		8
1	LA diapason.					

Cette manière d'accorder est un dédoublement du procédé connu qui consiste à partager l'octave en trois tierces majeures fortes. Elles fournissent trois points fixes entre chacun desquels il y a deux quintes à accorder (1).

115. Quatrième observation. — Les §§ 8, 9, 10 et 11 renferment

____

(1) C'est à cette partition au moyen de trois tierces majeures fortes, que donne la préférence **M. Herlan** dans sa *Monothésie musicale* (*Lois du chant d'église et de la musique moderne*, chez Didron), ouvrage aussi intéressant par ses détails acoustiques que par l'art admirable et l'enchaînement logique avec lesquels l'auteur expose des théories et des observations neuves et curieuses.

ce qu'il y a de capital dans la pratique de Scheibler , et montrent la grave méprise qu'elle suppose. Cette méprise est l'une des principales causes de l'impossibilité où se sont trouvés les théoriciens de premier ordre de le comprendre , parce qu'ils voyaient que des résultats reconnus justes et hors de doute ne se rattachaient point chez lui à une théorie rationelle.

116. En effet, Scheibler, en faisant la découverte de ce qu'il nomme les *sons de combinaison,* n'a fait autre chose que de montrer le *troisième son au grave* qui résulte de la coïncidence de deux sons entendus simultanément à l'aigu en consonnance juste , phénomène vulgairement connu sous le nom de *son de Tartini.* Avant Tartini , Sauveur l'avait remarqué; mais Tartini l'a rappelé de nouveau d'une manière assez vague. Les musiciens s'en sont occupés depuis , les acousticiens en parlent peu , et nous n'en avons trouvé d'explication lumineuse que dans l'ouvrage de Riccati (§ 74). Seulement, Scheibler, sans le savoir, en a observé les conditions pratiques avec infiniment plus de détail et d'étendue , il a généralisé l'observation et il en a imaginé des applications précieuses à la mesure exacte des sons.

117. Cinquième observation. — Ces observations sur le mérite et les défauts de la théorie de Scheibler se reproduisent dans l'examen des deux tables qui accompagnent ces §§. (Nous supprimons ce détail.)

118. Sixième observation. § 15. — L'auteur dit naïvement : « Si ces combinaisons et leurs valeurs telles que nous les trouvons » n'étaient pas exactes , ces calculs ne pourraient pas réussir dans » toutes les circonstances et dans tous les changements. »

C'est-à-dire : *La preuve que nos calculs sont bons, c'est qu'ils réussissent.*

C'est ainsi que l'auteur , rassuré par la certitude d'être arrivé au but , se fait illusion sur la valeur des expédients au moyen desquels il l'atteint.

119. Tel est , en effet , le caractère distinctif du procédé de Scheibler : *l'œil* juge la coïncidence des mouvements du balancier avec le retour périodique des battements , et *l'oreille ,* sans s'inquiéter de l'appréciation des intervalles , *ni même écouter les sons ,* n'a qu'à compter les battements. D'où il suit qu'avec l'oreille la plus fausse et qui n'est capable que d'entendre et compter les battements , et seulement la précision du coup d'œil nécessaire pour observer les mouvements du balancier , on peut donner à l'accord de l'instrument un degré d'exactitude inconnu jusqu'à ce jour (1).

120. Suite du § 15. — Scheibler nous apprend que dans l'assemblée des *naturalistes* allemands à Stuttgard, en 1834 , on a décidé que le diapason normal pour l'Allemagne serait fixé à 880 vibrations. Ce nombre est bien choisi pour la commodité des calculs (2).

D'après ce nombre 880 pour le *la* diapason , l'*ut*, tierce mineure au-dessus, dans sa proportion de 5 : 6 = 1056 vibrations. Ce nombre rabaissé de 5 octaves ou divisé par 32 , donnerait 33 vibrations pour l'*ut* le plus grave (§ 14).

Scheibler, terminant son opuscule allemand , met sur la voie de la construction d'un *sonomètre*.

---

(1) *Extrait de la notice sur Watt, par M. Arago , dans l'Annuaire de* 1839 :

« Confiant dans les ressources de son imagination , Watt paraissait se complaire dans les entreprises les plus difficiles , et auxquelles on devoit le supposer le moins propre. Croira-t-on qu'il se chargea d'exécuter un orgue , lui , totalement insensible au charme de la musique , lui, qui même n'était jamais parvenu à distinguer une note d'une autre , par exemple l'*ut* du *fa* ? Cependant ce travail fut mené à bon port. Il va sans dire que le nouvel instrument présentait des améliorations capitales dans sa partie mécanique, dans les régulateurs , dans la manière d'apprécier la force du vent ; mais on s'étonnera d'apprendre que ses qualités harmoniques n'étaient pas moins remarquables et qu'elles charmèrent les musiciens de profession. Watt résolut une partie importante du problème ; il arriva au *tempérament* assigné par un homme de l'art, à l'aide du phénomène des battements , alors assez mal apprécié , et dont il n'avait pu prendre connaissance que dans l'ouvrage profond , mais très-obscur, du docteur Robert Smith , de Cambridge. »

(2) En ce moment , à Paris , des artistes se concertent pour réclamer *l'unité du diapason.* Ils ne pouvaient choisir un meilleur organe que M. Adrien de la Fage. Son premier article sur cette question dans la *Gazette musicale* est des plus curieux. Il y montre comment , six siècles avant notre ère , la Chine avait fixé son *diapason normal,* et, sur ce même type , pris dans la nature , avait en même temps fondé son système d'*unité métrique.*

121. 2.º *Manuscrit écrit en français par Scheibler* (1).

Première observation. — Il rectifie quelques endroits de l'opuscule allemand,

(Citation.). Il donne le motif et le but de son travail en ces termes :

« Jusqu'à ce jour , on n'était point parvenu à déterminer d'une
» manière sûre le nombre absolu des vibrations d'un son , et bien
» moins encore à accorder sur un instrument de musique une échelle
» ou gamme dont l'exactitude fût incontestable.

» Après vingt années d'essais et de persévérance, j'ai atteint ce
» double but avec un degré de précision qu'on obtient rarement
» dans les expériences physiques.

» La direction d'une grande manufacture ne m'a pas laissé le temps
» d'étudier la physique ; seulement je savais qu'il n'existe pas de
» *tonomètre* dans le sens que j'attache à ce mot. J'ignore absolument
» quels ont été les travaux des savants sur ce sujet. L'idée qui a
» dirigé mes recherches est celle-ci :

» Dans la comparaison des sons, l'exactitude géométrique de leurs
» rapports ou de leurs valeurs absolues n'est indiquée par aucun
» signe mesurable, mais bien l'inexactitude de leurs rapports , ou la
» différence de leurs valeurs absolues. Il faut donc chercher à con-
» naître d'après quelles lois cette inexactitude se manifeste , et me-
» surer ainsi l'exactitude par l'inexactitude. »

122. Deuxième observation. --- Le sonomètre de Scheibler se compose de 52 fourchettes. Il y a une échelle du tempérament égal et une
autre échelle où chaque son *est plus bas de 4 battements* que le son
correspondant dans l'autre échelle. Cette dernière échelle est destinée

---

(1) Scheibler s'étant aperçu de l'insuffisance de son opuscule écrit en allemand,
et animé d'un vif désir de faire connaître sa découverte en France, avait rédigé à la
hâte une instruction en français, un peu plus développée , que nous avons en manuscrit. Elle n'a aucune forme régulière , et présente un pêle-mêle de diverses observations desquelles nous avons extrait les principales , qui ajoutent des idées nouvelles à
celles déjà mentionnées d'après l'opuscule allemand.

à régler (sur les instruments) la première , en ôtant ou ajoutant des différences pour produire l'échelle tempérée, en se réglant d'après les battements du métronome.

Ces 52 sons présentent tous entre eux une différence de 4 battements par seconde. (1)

123. Troisième observation. — « En comparant, dit-il , la vitesse » des battements pendant 50 à 60 secondes, avec les mouvements du » métronome à tel ou tel numéro, on distingue assez bien si 4 batte- » ments ont lieu au N.º 60 , par exemple , ou au N.º 60,1. On dis- » tingue donc une différence de 1/75 de vibration. »

Ce dernier chiffre est juste. Car, en allant du N.º 60 au 60,1, on raccourcit le pendule et l'on ajoute 1/600 en vibrations (§ 107). Or , puisqu'au N.º 60 on suppose 4 battements ou 8 vibrations , le N.º 60,1 fera sentir la différence d'un 600º de 8 ou d'un 75.ᵉ de une vibration.

» Et cela , continue-t-il , aussi bien sur un son de 5000 que sur » un autre de 100 vibrations. »

» Aussi sur 60 relevés de mon tonomètre, la plus grande différence » entre leurs résultats n'est que de 28/100 de vibration. »

121. Quatrième observation. — Dans une note explicative de l'usage et de la graduation du métronome, il insiste sur l'avantage de simplifier les opérations des calculs et d'éviter les réductions conti- nuelles de vibrations en numéros de pendule. Pour cela, il conseille de formuler les échelles et tous les calculs en degrés de pendule de 6600 degrés correspondant à 880 vibrations , dans le rapport de 7,5 : 1.

Nous n'avons pas besoin de chercher ici d'abréviations , et nous ne conseillons pas d'écrire *des degrés de pendule* quand on voudra présenter à l'esprit des idées *de vibration.*

123. Cinquième observation. — Scheibler , à notre demande , a

---

(1) Le calcul détaillé de ce sonomètre à 52 fourchettes se trouve dans l'écrit de 1834 , (page 30),de Scheibler. Il est expliqué par M. Vincent, page 38 du tiré à part. Celui de M. Wolfel est à 57 fourchettes , et pareillement décrit par M. Vin- cent, p. 39.

ajouté (sur une feuille détachée) ses calculs pour obtenir *les sons de combinaison* de la septième mineure, intervalle qu'il n'avait pas mentionné.

Il l'a établi à la distance de deux quartes *la, (ré), sol,* 9 : 16 (1).

D'après notre théorie , ces deux sons engendreraient au grave la série entière des aliquotes dont les deux extrêmes 1 : 16 sont à 4 octaves l'une de l'autre, ainsi qu'il suit :

Intervalle de septième mineure, valeur de deux quartes.

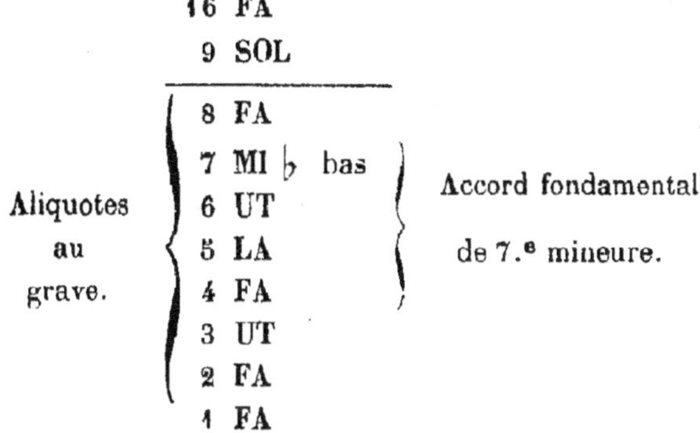

Renversement de cette septième mineure en seconde majeure.

```
             9 SOL
             8 FA
          ┌  7 MI ♭ bas ┐
          │  6 UT        │
Aliquotes │  5 LA        │   Accord fondamental
au        ┤  4 FA        ├   de 7.ᵉ mineure.
grave.    │  3 UT        │
          │  2 FA        ┘
          └  1 FA
```

---

(1)
$$\begin{array}{ccc} & 4 & . & 16 \\ 4 & . & 3 & . & 12 \\ 3 & . & & 9 \end{array}$$

Intervalle de septième mineure harmonique, pratiqué seulement sur le cor, la trompette, etc. (1).

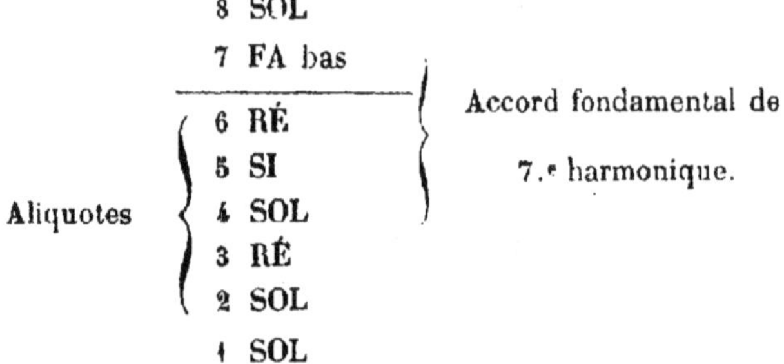

7 FA trop bas
4 SOL

Aliquotes {
3 RÉ
2 SOL
1 SOL

Renversement de cette 7.ᵉ harmonique en 2.ᵉ

8 SOL
7 FA bas

Aliquotes {
6 RÉ
5 SI
4 SOL
3 RÉ
2 SOL
1 SOL

Accord fondamental de 7.ᵉ harmonique.

126. *(Citation.)* Scheibler insère des observations de détail fort utiles sur l'emploi pratique des fourchettes, ainsi qu'il suit :

« Les fourchettes avec lesquelles on fait les expériences doivent

---

(1) Nous ajoutons ces détails, parce qu'à Lille, dans des expériences récentes, M. Delezenne a attiré l'attention sur cet intervalle de 7.ᵉ mineure qu'il calcule, pour la plus grande satisfaction de l'oreille dans la *pratique* musicale, sur la tierce mineure juste au-dessus de la quinte juste, savoir : 5 : 9, que nous représenterons de la manière suivante :

		6	18	FA
3	5		15	RÉ
2			10	SOL

Ainsi, voilà quatre espèces de 7.ᵉ mineure à comparer, savoir :

1.º L'harmonique ou de la résonnance... .... 4 : 7 == 40 : 70
2.º Celle de deux quartes..................... 9 : 16 == 40 : 71,11
3.º Celle de la tierce mineure juste sur la quinte juste.. 5 : 9 == 40 : 72
4.º La 7.ᵉ mineure *sol, fa* du tempérament égal *sol, fa*. 784 : 5584 == 40 : 71,27

» sonner pendant une minute. On en prolonge le son en les vissant
» sur une cheville de bois de 5 pouces de hauteur. Au gros bout de
» cette cheville est adapté un pas de vis dans un écrou en cuivre.

» Sur le manche de la fourchette est vissé très-solidement un
» manche en bois, afin que, dans les expériences, on puisse toujours
» se dispenser de toucher la fourchette elle-même, c'est-à-dire la
» partie métallique (1).

» Après avoir vissé la fourchette sur la charnière, on plante l'en-
» semble dans de petits trous sur une table d'harmonie. On frappe les
» fourchettes avec une baguette en baleine dont un bout est garni
» d'une vingtaine de rondelles de drap, serrées entre deux rondelles
» plus petites de cuir.

» Si l'on tient à la main les branches d'une fourchette pendant une
» minute, le métal s'échauffe, et il lui faut environ quinze jours pour
» revenir à la même température qu'elle avait auparavant, et pour
» faire les mêmes battements. Aussi ne faut-il pas faire deux expé-
» riences le même jour avec la même fourchette.

» 20 degrés de chaleur, thermomètre Réaumur, en plus, font
» descendre mon *la* diapason de 17,8 du pendule, etc. »

127. Sixième observation. — Suit une grosse erreur de calcul
commise par mégarde et qui a beaucoup exercé ma patience. (2)

128. *(Citation.)* — L'auteur poursuit ainsi :

« Faute de loisir, ces expériences n'ont pas été assez souvent ré-
» pétées pour que j'en puisse déduire une loi générale. De plus, le
» poids des fourchettes n'a pas été pris en considération. »

---

(1) Scheibler donne ici plusieurs dessins relatifs à son appareil, lesquels ont été
reproduits dans le mémoire de M. Vincent. M. Vincent a transcrit en entier la des-
cription d'une mécanique très-commode et peu dispendieuse qu'il convient d'appliquer à l'extrémité supérieure des tuyaux pour les accorder plus facilement, surtout
quand il s'agit de la formation des sons auxiliaires (§ 136).

(2) M. Vincent, qui l'a également reconnue, la signale page 60 (du tiré à part)
de son Mémoire. Il s'agit de faire servir le ton de la fourchette à évaluer la température, idée bien digne de remarque.

129. Septième observation. — Scheibler a si bien senti la nécessité de soustraire ses fourchettes à l'influence atmosphérique , qu'il prend la précaution (ainsi que nous l'a dit M. Neukomm) de les tenir constamment plongées dans le mercure , hors le temps des expériences.

Au reste, c'est peut-être dans la considération de ce moyen d'évaluer des températures par des vibrations que M. Savart a entrevu dans cette ébauche d'expériences (ainsi qu'il nous l'a dit lui-même) une bien plus haute portée que Scheibler ne le soupçonnait peut-être.

130. Huitième observation. — L'auteur réunit ici ses observations sur le nombre absolu des vibrations calculées par lui de divers diapasons pris aux meilleures sources. (Le tableau en a été reproduit par M. Vincent.)

Pour faire un diapason , dit-il, en terminant, il faut le faire d'après des battements, si l'on veut qu'il soit exact.

131. *(Citation.)* Ailleurs il dit :

« M. Spohr, maître de chapelle de Hesse-Cassel, non moins
» célèbre comme virtuose sur le violon , que comme compositeur ,
» après avoir examiné très-scrupuleusement un forté-piano et un des
» orgues d'église de cette ville , tempérés d'après mes procédés , a
» trouvé ce tempérament si juste , qu'il a craint qu'on ne voulût plus
» entendre de musique d'orchestre , si l'on avait souvent occasion
» d'entendre de la musique exécutée sur des instruments accordés
» avec une telle précision. »

132. *(Citation.)* « La méthode d'accorder par les battements, outre
» son exactitude, présente encore cet avantage, qu'en tout temps on
» peut faire une révision sur des données positives , et corriger les
» différences survenues , sans toucher aux tons qui n'ont point
» changé. »

NOTE.

Nous ne pouvons omettre la belle remarque de M. Vincent , p. 30 (du tiré à part).

« Si ce n'eût été m'écarter beaucoup de mon but, j'aurais déve-
» loppé un résultat extrêmement important, que je ne puis faire ici
» qu'indiquer , mais qui n'en mérite pas moins la plus grande
» attention, savoir :

» *La méthode de Scheibler , pour l'accord des instruments ,*
» *confirme d'une manière éclatante , bien que par une voie dé-*
» *tournée , les valeurs des rapports des consonnances exactes ,*
» *par suite celles des tons majeurs, mineurs, demi-tons, et enfin*
» *les valeurs relatives des diverses notes de la gamme géométrique*
» *non tempérée , telles qu'elles sont généralement admises.*

» (Voyez à ce sujet les expériences de M. Delezenne , dans les
» Mémoires de la Société des sciences de Lille, pour l'année 1827 ,
» ainsi que les additions qu'il y a faites récemment.) »

Maintenant on peut dire la même chose des expériences de M. Lissajous.

Ajoutons ici quelques réflexions :

Pour certaines recherches d'une théorie subtile, telles que celles que poursuit M. Barbereau, Scheibler seul donne les moyens de vérification.

Par exemple aussi , M. Fétis , au sujet *de la possibilité des transitions immédiates dans tous les tons et dans les deux modes , par un seul accord affecté d'altérations multiples, ascendantes et descendantes,* mentionne les nombreuses expériences qu'il a faites par les battements, *à l'aide de l'appareil de Scheibler.*

Il a ainsi constaté, par le calcul des vibrations, que les sons qui portent le même nom , bien que variant d'intonation en raison du caractère des attractions harmoniques, ne présentent jamais , dans leur différence au *maximum,* la valeur d'un quart de ton. (Sa lettre à M. Vincent, du 3 mars 1854 , sur le quart de ton.)

Assurément, dit M. Vitet, le *quart de ton* était , *dans notre siècle, la découverte la moins attendue.*

M. Vincent, tout rempli des anciens , lui a rendu la vie. M. Ha-
lévy, descendant le double tétracorde enharmonique, en a montré la
puissance expressive. Animé par les contradictions, M. Vincent en a
triomphé. Il a montré aux plus incrédules le *quart de ton* jusque
dans le fameux manuscrit bilingue de Montpellier, antiphonaire
d'une antiquité respectable.

Bien plus, il a prouvé mathématiquement que Guy-d'Arezzo en avait
cherché les conditions géométriques dans un calcul de lignes où le bon
moine s'était un peu fourvoyé.

L'explication catégorique de ce texte de Guy-d'Arezzo, est une véritable conquête. (Voyez *Revue archéologique*, *XII.ᵉ année.*) Personne n'avait soupçonné cette explication, pas même le savant
M. Théodore Nizard, l'homme spécial en ce genre, non plus que
M. Stephen-Morelot. Ce dernier avouait n'y avoir jamais rien compris, lui le musicien le plus zélé, le plus infatigable investigateur de
ces questions archéologiques, témoin son article *Solmisation,* dans le
beau *Dictionnaire* de M. d'Ortigue.

Non content d'écrire pour son protégé, M. Vincent l'a produit en
réalité sur l'orgue d'Alexandre. Chez lui , des artistes, des savants,
des amateurs, des étrangers de distinction , sont venus en grand
nombre l'entendre dans les compositions de M. Populus.

Le quart de ton a combattu , il a vaincu sur toute la ligne.

ACCORD DE L'ORGUE.

133. Nous voici enfin arrivés au but que s'est proposé Scheibler,
savoir l'accord de l'orgue par le tempérament égal. Son opuscule
allemand est accompagné d'un tableau contenant deux parties : l'une
qui a pour objet d'indiquer le moyen de calcul par battements qui
conduit à évaluer la hauteur de l'orgue , ou son *la,* par rapport au
nombre absolu de vibrations qu'il exécute ; l'autre qui donne la série
des opérations de l'accordeur pour exécuter la partition, les intervalles

qu'il parcourt successivement, le nombre de battements qu'il doit entendre par chaque mouvement du métronome, le degré auquel ce
métronome doit être monté à chacune de ces opérations, suivant que
le diapason est ou le diapason normal à 880 vibrations, ou plus bas,
à 840, 850, 860, 870, ou plus haut, 890, 900, 910 et 920.
Nous ne reproduirons que cette seconde partie. (Tableau N.° 1.)

Ces deux parties du tableau allemand sont également traitées dans
le manuscrit, et accompagnées de divers détails; mais, nulle part
Scheibler n'a donné d'une manière satisfaisante la méthode de calcul
ou la suite des tâtonnements qui l'ont conduit à choisir, dans la série
des opérations de l'accordeur, telle route plutôt que telle autre.

Avec son tableau, on opère bien, mais on opère en aveugle, et,
s'il fallait le refaire, on ne voit pas comment on devrait s'y prendre.

134. Nous allons donc essayer de porter la lumière dans cette
partie la plus importante du travail de Scheibler. Nous simplifierons
nos raisonnements autant qu'il nous sera possible.

135. Mais, avant tout, il nous faut établir pour nous le nombre
absolu de vibrations de chacun des tuyaux de l'orgue au tempérament égal, dans l'octave de 410 à 880 vibrations (diapason normal),
d'après le calcul des logarithmes.

C'est à ce système de tempérament égal qu'a voulu aboutir Scheibler, et comme nous avons lieu de penser qu'il ne s'est point aidé des
logarithmes, nous devons admirer d'autant plus la force d'invention
que suppose son travail qui, privé de ce secours, offre néanmoins
presque toujours un résultat juste (1).

Nous ne traiterons pas ici de cette partie de la théorie musicale
mathémathique, non plus que de la préférence à donner au tempérament égal sur tout autre système de tempérament, et nous présente-
rons notre tableau tout fait.

---

(1) Scheibler n'a pu établir ces nombres de vibrations aux tuyaux tempérés que
par déduction des nombres de battements et des degrés du pendule qu'il leur avait
attribués dans ses tâtonnements. En effet, nous voyons dans son premier écrit,
page 35, ces nombres de l'échelle tempérée mis en rapport avec les nombres de battements et les degrés du pendule. différer fort peu de ceux de notre tableau.

TABLEAU DU NOMBRE DES VIBRATIONS

des 13 sons d'une octave chromatique du la (5.ᵉ ligne, clef de fa) au la (au-dessus de la clef de sol), tempérée par le tempérament égal, calculées d'après la division en 12 parties égales du logarithme de 2, le la, diapason normal, étant ajusté à 880 vibrations.

SONS de DE L'ÉCHELLE.		LOGARITHMES.	NOMBRE DES VIBRATIONS correspondantes.	DIFFÉRENCE d'un son à l'autre.
LA	diapason	2.94448,27	880,000	
				49,391
SOL♯	LA♭.........	2.91939,68	830,609	
				46,618
SOL	....	2.89431,10	783,991	
				44,002
FA♯	SOL♭,.......	2.86922,52	739,989	
				41,523
FA	....	2.84413,93	698,466	
				39,211
MI	....	2.81905,35	659,255	
				37,002
RÉ♯	MI♭.........	2.79396,77	622,253	
				34,924
RÉ	....	2.76888,18	587,329	
				32,964
UT♯	RÉ♭	2.74379,60	554,365	
				31,114
UT	....	2.71871,02	523,251	
				29,367
SI	....	2.69362,43	493,884	
				27,720
LA♯	SI♭	2.66853,85	466,164	
				26,164
LA	....	2.64345,27	440,000	
				440,000

136. **Mettons-nous donc à la place de Scheibler et faisons-le parler:**

« Je veux accorder l'orgue au tempérament égal, dans l'octave de
» *la* 880 vibrations, descendant au *la* 440, en m'aidant du calcul
» des battements et du métronome, suivant les espèces de conson-
» nances, moyen qui seul peut me conduire à la plus grande exacti-
» tude..

» Je pars donc de *la* 880......... (1). A quel autre tuyau peut-
» il me conduire par battements? Ce ne sera pas au *la* 440 , car il
» ne peut y avoir de battements sur une octave juste (§ 89). Il me
» faudra donc accorder *la* 440 par une autre voie. Mon *la* diapason
» pourra-t-il m'aider , par des battements *mesurables* , à déterminer
» d'autres consonnances , par exemple la quatre en-dessous, *mi,*
» tempérée, 659,25 ?

» Si la quarte était juste , ce *mi,* (rapport 4 : 3, § 56 et 58) aurait
» 660,00. Il y a altération, en moins, à la corde inférieure 0,75.

» Quel battement fera ma quarte ainsi altérée ? Pour la quarte
» altérée à sa corde inférieure , il faut (§ 102) 1/2 vibration ou
» 0,50, en plus ou en moins , pour obtenir un battement au N.° 60.
» Or, ici j'ai 0,75 d'altération au lieu de 0,50; j'aurai donc, en
» proportion , 1,50 battement au lieu de 1 battement au N.° 60.
» Mais il n'est pas commode de discerner 1,50 battement, je chan-
» gerai donc le N.° du pendule, pour avoir, ou bien 2 battements ,
» ou bien 1 battement par mouvement.

« Je sais (§ 105) que, dans l'échange des N.ᵒˢ du pendule, les
» N.ᵒˢ sont en raison inverse des battements : donc, pour avoir 2
» battements ou 4 demi-battements au lieu de 1 battement 1/2 ou
» 3 demi-battements , il faut descendre dans la raison de 4 : 3 ,
» c'est-à-dire retrancher 1/4 du N.° 60. Il reste 45. Donc, pour
» avoir 2 battements , il me faudrait au métronome le N° 45. Or,
» mon métronome commence au N° 50 (2) ; je n'ai donc d'autre

---

(1) Les registres qui donnent les battements les plus exacts sont les registres
principal 8 pieds et 4 pieds (Scheibler).

(2) Voir l'observation au § 103.

» ressource que dans 1 battement au N° 90 , qui est le plus haut
» de mon métronome.

» Ainsi , me voilà fixé et je dirai : le *mi* tempéré s'accorde au-
» dessous du diapason *la* 880 , par 1 battement au N° 90. Et comme
» il est plus bas que la quarte juste , le battement que je pourrais
» prendre aussi bien en haussant qu'en baissant , je ne le prendrai
» qu'en baissant. (§ 91 à 95).

» Si pourtant je n'avais pu faire sur le *mi* tempéré des battements
» comptables à aucun des N°s de mon pendule , par quel expédient
» aurais-je pu me tirer d'embarras? Et cet embarras, je le rencontrerai
» peut-être sur plusieurs autres degrés de l'échelle chromatique.
» C'est à quoi il faut songer....

» Eh bien , j'accorderai sur mon diapason , s'il le faut , un son
» arbitraire qui ne sera aucun des sons de mon échelle, un son d'em-
» prunt , un son transitoire , un son *auxiliaire* , qui m'aura fourni
» des battements comptables à un certain degré du pendule , et tel
» qu'il puisse me conduire de même , par des battements comptables
» à plusieurs autres sons de l'échelle tempérée.

» A ce son d'emprunt , je donnerai le nom du son dont il se rap-
» proche le plus : je dirai , par exemple , *la auxiliaire, fa*
» *auxiliaire*, etc. Enfin , je ferai de ces *auxiliaires* autant qu'il
» m'en faudra pour faciliter mes opérations ; ensuite, chaque
» *auxiliaire* disparaîtra et sera remplacé par le son tempéré *réel*....

» C'est un moyen singulier , neuf et hardi , je l'avoue , que d'em-
» prunter un son faux et hors de l'échelle pour retomber commodé-
» ment sur un son de l'échelle. Mais l'habitude d'accorder par batte-
» ments , ou d'arriver à un son juste, si je veux , par les battements
» sur un son faux , me familiarise avec cet ordre d'idées. L'invention
» des *auxiliaires* me met à l'aise dans tous les cas.

» J'ai supposé gratuitement mon tuyau d'orgue , *la* du *principal*,
» ajusté à 880 vibrations. Pour m'en assurer , et , en général , pour
» mesurer la hauteur de l'orgue à tout autre diapason , je la compa-
» rerai avec quelques fourchettes fabriquées à l'aide de mon sono-
» mètre , et dont les battements m'apprendront la différence.

» **Je** vais faire des calculs (semblables à ceux que j'ai faits pour le
» *mi* ci-dessus) dans des suppositions diverses et multipliées, tant
» pour le diapason 880 que pour un certain nombre d'autres diapa
» sons. Ces suppositions, je les chercherai par tâtonnement, et
» parmi les suppositions qui me conduiraient au but, je choisirai
» celles qui me feraient arriver par les battements les plus faciles à
» compter. Je n'aurai plus qu'à mettre le tout dans un certain ordre,
» pour former le tableau normal qui devra diriger l'accordeur......

» Mettons-nous à l'ouvrage, ne perdant point patience....»

137. Avons-nous fidèlement reproduit les idées qui se sont succé-
dé dans l'esprit de l'inventeur?.... Nous l'ignorons ; et, puisqu'il a
emporté son secret dans la tombe, nous n'avons aucun moyen de le
découvrir. Nous croyons du moins avoir indiqué par quel raisonnement on peut être conduit au même but.

138. Maintenant, examinons ce tableau de Scheibler. Il nous présente (tableau N.° 1.) :

1.° 17 opérations successives.

2.° L'emploi des 4 sons dits auxiliaires, savoir :

$$mi , \ la , \ fa \ \text{et} \ si \ b.$$

3.° Le nombre des battements toujours le même dans le même cas,
pour tous les diapasons.

4.° Une anomalie d'après laquelle, dans un certain nombre de cas,
le numéro du métronome reste le même quel que soit le diapason,
tandis que dans tous les autres cas, le numéro varie avec le diapason.

Cette anomalie n'affecte que les cinq cas :

$$1 , 4 , 11 , 12 , 17.$$

Nous constatons que, dans les 4 premiers de ces cas, il s'agit
d'accorder un son auxiliaire, tandis que, dans tous les autres, on
accorde un son tempéré.

Le 17e et dernier cas est le seul dans lequel, pour l'accord d'un son
tempéré, le numéro du métronome reste invariable dans tous les
diapasons.

139. Vous ne nous engagerons pas dans le labyrinthe des tâtonnements par lesquels Scheibler a marché à son but ; nous admettrons sans discussion que , pendant ses 20 années d'expérimentation dans tous les sens , il a choisi la marche et les expédients les plus commodes , par exemple pour le choix et la valeur des sons auxiliaires.

Ils se trouvent établis d'après le diapason 880 dans la proportion suivante :

MI	valeur géom.e	660,000 ;	auxil.e	660,900 ;	diff.e	+ 0,900
LA	id.	440,000 ;	id.	442,667 ;	id.	+ 2,667
SI♭	id.	469,333 ;	id.	465,244 ;	id.	— 4,089
FA	id.	352,000 ;	id.	350,933 ;	id.	— 1,067

Nous les adopterons purement et simplement pour reproduire son tableau , mais en rendant compte de chaque opération.

140. Nous nous attacherons d'abord au seul diapason normal , 880 , (colonne du milieu), car les mêmes raisonnements s'appliquent à toutes les autres colonnes.

Partant de ce diapason , le calcul des proportions nous donnera tous les intervalles consonnants dans leur justesse géométrique et le tableau § 135 nous les donnera dans leur altération par le tempérament égal.

141. La partition nous montre que, sur les 17 opérations , les sons auxiliaires figurent 14 fois , soit comme points de départ , soit comme sons à accorder. Dans trois cas seulement, ils ne sont point en jeu , savoir les 3.e 8e et 10.e. Dans ces cas exceptionnels , l'accord se fait en allant du diapason ou d'un son tempéré à un autre son tempéré.

Ainsi, dans ce système , les sons auxiliaires jouent le principal rôle.

142. Nous allons former un tableau distinct des 5 opérations mentionnées plus haut (§ 138), qui seules ont l'avantage de ne pas varier pour le nombre des battements et le degré du métronome quand on change le diapason , et dont les 4 premiers donnent la mesure des 4 auxiliaires (tableau N.° II).

Les têtes de colonnes, désignées par lettres alphabétiques depuis A jusqu'à K , sont intitulées de la manière la plus explicite pour donner l'intelligence de la marche des opérations.

143. Exemple 1.er cas , colonne F , différence 0,900.

A partir de cette colonne , suivons le cours de l'opération pour arriver à des battements comptables à un degré déterminé du métronome.

Nous consultons la table § 102 , et nous disons :

1.re *Demande :* Puisque dans le cas présent , savoir : de la quarte altérée à la note inférieure , une 1/2 vibration donne un battement au N.º 60, combien, à ce même numéro, nous donnera de battements la différence 0,900 ?

Réponse : En proportion directe (§ 105) 1,800.

$$\underset{\text{Col. G}}{\underset{\text{vib.}}{1/2}} : \underset{\underset{\text{F}}{\text{vib.}}}{0,900} :: \underset{\underset{}{\text{batt.}}}{1} : \underset{\underset{\text{H}}{\text{batt.}}}{x} = \frac{0,900 \times 1}{1/2} = \frac{0,900 \times 2}{1} = 1,800.$$

Nous ne pouvons donc nous arrêter au N.º 60 , car il n'est pas commode de compter 1 battement et 8/10 de battement. Nous chercherons 2 battements au moins , en descendant au-dessous du N.º 60.

2.e *Demande :* Puisque notre différence en vibrations ferait 1,8 battements au N.º 60 , à quel numéro ferait-elle 2 battements ?

Réponse : En proportion inverse (§ 105) au N.º 54.

$$\underset{\underset{\text{H}}{\text{batt.}}}{1,8} : \underset{\underset{\text{I}}{\text{batt.}}}{2} :: \underset{\underset{\text{J}}{\text{N.º cherché.}}}{x} : \underset{\text{N.º connu}}{60}.$$

$$x = \frac{1,8 \times 60}{2} = \frac{108}{2} = 54.$$

144. La formule est donc , d'après la première question :

$$\frac{\text{Colonne F}}{\text{Colonne G}} \text{ pour avoir colonne H.}$$

Et d'après la seconde question :

$$\text{Colonne} \ \frac{\text{H} \times 60}{\text{Colonne} \quad \text{I}} \ \text{pour avoir colonne J.}$$

Donc, pour aller immédiatement de F en J, en substituant la valeur de H, nous aurons, en une seule formule :

$$\frac{F \times 60}{G \times I} = J \text{ ou, dans ce cas :}$$

$$\frac{0{,}900 \times 60}{1/2 \times 2} = \frac{54{,}000}{1} = 54{,}000.$$

Nous voyons qu'il s'agissait ici tout simplement de multiplier la différence F par 60 , et c'est ce dernier nombre ou coefficient que nous avons inscrit à la dernière colonne K.

145. Cette même formule nous servira dans tous les autres cas pour obtenir la valeur de J , laquelle variera suivant les valeurs variables de F , de G et de H.

Nous en déduirons également le *coefficient* K qui, multipliant la différence F , donne immédiatement le N.º du métronome J au degré nécessaire pour obtenir le nombre arbitraire de battements que l'on désire , ainsi qu'il suit :

Opération 4.ᵉ

$$\frac{2{,}667}{1} \times \frac{60}{2} = 2{,}667 \times 30 = 80 \text{ degrés.}$$

$$\text{Coefficient} \ \frac{60}{1 \times 2} = \frac{60}{2} = \dots\dots\dots\dots\dots\dots\dots 30$$

Opération 11.ᵉ

$$\frac{1{,}067}{2/5} \times \frac{60}{2} = \frac{1{,}067 \times 5}{2} \times 30 = \frac{5{,}335}{2} \times 30 = 2{,}667 \times 30 = 80 \text{ degrés.}$$

$$\text{Coefficient} \ \frac{60}{2/5 \times 2} = \frac{60 \times 5}{4} = \frac{300}{4} = \dots\dots\dots\dots\dots 75$$

*Opération 12.*ᵉ

$$\frac{2,667}{2/3} \times \frac{60}{4} = \frac{2,667 \times 3}{2} \times 15 = \frac{8,001}{2} \times 15 = 4,000 \times 15 = 60 \text{ degrés.}$$

$$\text{Coefficient} \quad \frac{60}{2/3 \times 4} = \frac{60 \times 3}{8} = \frac{180}{8} = \dots \dots \dots \dots \dots \dots 22,5$$

*Opération 17.*ᵉ

$$\frac{1,333}{1/2} \times \frac{60}{2} = \frac{1,333 \times 2}{1} \times 30 = 2,666 \times 30 = 79,980 \text{ ou } 80 \text{ degrés.}$$

$$\text{Coefficient} \quad \frac{60}{1/2 \times 2} = \frac{60}{1} = \dots \dots \dots \dots \dots \dots \dots \dots 60$$

146. Nous allons présenter un tableau semblable pour les 12 autres cas dans lesquels le tuyau qu'il s'agit d'accorder est toujours un tuyau tempéré. (Tableau N.º III.)

Les colonnes sont les mêmes, mais les intitulés de ces colonnes ont été abrégés. La différence (col. F) qui produit les battements (col. J) résulte ici de l'altération en plus ou en moins du son juste (col. D), auquel on substitue le son tempéré (col. E). Mais la formule générale $\frac{F \times 60}{G \times I}$, indiquée § 144, conduit également à la valeur de J, et l'on en déduit le coefficient de F pour aller directement de F à J.

EXEMPLE. — 2.ᵉ Cas :

$$\frac{1,791}{1/2} \times \frac{60}{4} = 1,791 \times 2 \times 15 = 1,791 \times 30 = 53,730.$$

$$\text{Coefficient} \quad \frac{60}{1/2 \times 4} = \frac{60}{2} = 30.$$

Il en est de même de tous les autres cas.

147. Avec ce tableau normal en deux parties, nous avons, ce nous semble, tout raisonné, tout expliqué, tout vérifié, en ce qui concerne le diapason normal 880. Il nous faut maintenant, de ce

même tableau, tirer une nouvelle formule générale pour tous les autres diapasons quelconques.

Nous avons dit (§ 142), que, dans les cinq opérations comprises dans la première partie du tableau normal, le N.º du métronome reste invariable dans tous les diapasons. Nous n'avons donc à nous occuper ici que des autres cas compris dans la seconde partie. Et, pour ceux-ci, nous avons dit encore (§ 141) que, dans les 3 cas, 3, 8, 10, l'accord se fait en allant du diapason ou d'un son tempéré à un autre son tempéré. Puisqu'il n'y a point d'auxiliaire, le résultat final, colonne J, ne peut être que proportionnel aux diapasons.

148. Pour vérifier cette dernière proposition, établissons d'abord le rapport entre le nombre des vibrations au diapason normal et ce même nombre aux huit autres diapasons du tableau de Scheibler.

Le diapason normal 880 est au diapason

$$
\begin{array}{llllll}
840 & :: & 22 & : & 21 & = 1/22 \\
850 & & 88 & & 85 & \dots\dots\ 3/88 \\
860 & & 44 & & 43 & 1/44 \\
870 & & 88 & & 87 & \dots\dots\ 1/88 \\
\end{array}
\quad\Big\}\ \text{à retrancher.}
$$

$$
\begin{array}{llllll}
890 & & 88 & & 89 & 1/88 \\
900 & & 44 & & 45 & \dots\dots\ 1/44 \\
910 & & 88 & & 91 & 3/88 \\
920 & & 22 & & 23 & \dots\dots\ 1/22 \\
\end{array}
\quad\Big\}\ \text{à ajouter.}
$$

149. Ainsi, il suffit de connaître les quatre aliquotes de 880 ci-dessus indiquées, qu'il faut retrancher si le diapason est au-dessous de 880, et ajouter dans le cas contraire; savoir, de part et d'autre, en s'éloignant de la colonne centrale.

$$
\begin{array}{lllll}
\text{Pour les diapasons} & 870 & \text{et } 890 & \dots\ 1/88 \\
\text{—} & 860 & 900 & \dots\ 1/44 \\
\text{—} & 850 & 910 & \dots\ 3/88 \\
\text{—} & 840 & 920 & \dots\ 1/22 \\
\end{array}
$$

150. Maintenant, nous allons vérifier les trois cas mentionnés

§ 141 , mais d'abord seulement pour les deux colonnes extrêmes ,
diapasons 840 et 920, savoir :

Cas.	Colonne au diapason normal.	Aliquote 1/22.	Retranchée pour le diapason 840.	Ajoutée pour le diapason 920.
	d.	d.	d.	d.
3	89,40	4,06	85,34	93,46
8	79,74	3,62	76,12	83,36
10	56,34	2,56	53,78	58,90

151. Nous voici réduits aux neuf opérations seulement dans
lesquelles , partant d'un auxiliaire , on accorde un tuyau tempéré.

Les calculs et les résultats sont déjà établis au tableau N.º III ,
§ 146 , des douze cas, mais seulement pour le diapason normal.

Cherchons la formule qui nous conduirait au résultat pour un diapason quelconque , et d'abord pour les deux diapasons extrêmes 840
et 920.

152. Cette formule se voit sur le tableau N.º IV.

EXEMPLE : 2.ᵉ cas.

Il s'agit d'accorder le *si* tempéré au moyen de l'auxiliaire *mi*.
Considérons l'opération , d'abord telle qu'elle a eu lieu pour le diapason 880 . — Décomposons l'auxiliaire *mi*, colonne A , dans ses
deux éléments , savoir :

1.º Sa partie géométrique................. G.   660,000

2.º La différence qui l'affecte comme auxiliaire A.   0,900

La partie géométrique conduit au produit.....H.   33,480

et la partie comme auxiliaire donne...........Id.   20,250

d'où résulte pour le degré du pendule.. ....J.   53,73

153. Maintenant, si nous voulons changer le diapason, et, par exemple, le réduire à 840, c'est-à-dire l'abaisser de 1/22.ᵉ, le *mi*, dans sa partie géométrique, sera réduit dans la même proportion, ainsi que le *si* géométrique, D, et sa valeur tempérée, E. Donc, la différence, F, de ces deux dernières valeurs restera dans le même rapport ; donc, elle produira le même nombre de battements, malgré le changement de diapason ; donc ce changement de diapason n'aura d'influence que sur le N.° du pendule H.

Mais, le diapason étant baissé de 1/22.ᵉ, les vibrations seront moins rapides et les battements seront ralentis dans la même proportion ; ils ne coïncideront qu'à un N.° plus bas du pendule.

Ainsi, prenant le 1/22 de 33,480 H., qui est 1,52, *a*, pour le déduire du résultat, J *b*, affecté au diapason normal, ci.   53,73

$$1,52$$

on a pour le diapason 840, le N.° J *c*............... 52,21

On voit que le chiffre 20,250, H, produit par la partie A de l'auxiliaire *mi*, n'a contribué en rien pour le changement du N.° du pendule nécessité par le changement de diapason.

Le principe étant le même pour tous les cas, il s'ensuit que la différence A, qui affecte le tuyau auxiliaire, est une quantité constante, qui, dans tous les diapasons, reste telle qu'elle a été réglée pour le diapason normal.

154. Puisque nous sommes au diapason 840, inférieur au diapason normal, dans tous les autres cas, on devra, comme au 2.ᵉ cas, retrancher l'aliquote 1/22 du résultat J *b* pour avoir le résultat J *c* (§149)

C'est en effet ce qui a lieu dans les cas 5, 7, 9, 14, 15 et 16, Cependant, on voit le contraire aux cas 6 et 13. D'où vient cette anomalie ?

C'est ici qu'il faut se rendre compte avec précision de l'influence exercée par la différence A, qui affecte l'auxiliaire, considérée isolément, pour voir dans quel sens elle concourt à la formation du résultat J *b*, au diapason 880.

155. Remarquons :

1.° Que toujours le résultat inscrit à la colonne J *b* se compose de l'évaluation, en degrés, du son géométrique plus ou moins celle de la différence, l'une et l'autre portées à la colonne H.

2.° Que de ces deux derniers éléments, tantôt le géométrique est le plus fort, comme dans les cas 2, 5, 7, 9, 14, 15 et 16, tantôt il est le plus faible, comme dans les cas 6 et 13.

3.° Que, bien que ce soit toujours la partie aliquote (§ 149) du produit géométrique qui doit affecter par *retranchement* le résultat colonne J *b*, cependant, dans ces deux cas, 6 et 13, cette portion est au contraire ajoutée et non retranchée;

4.° Que cette anomalie apparente vient de ce que, dans ces deux cas, 6 et 13, la quantité qui fournit l'aliquote ne concourt au produit du pendule que par *déduction* (80,0 — 14,9 et 163,6 — 105, 8), et par conséquent comme quantité *négative*. Or, *retrancher du négatif, c'est ajouter*.

156. Les résultats donnés pour le diapason 840 sont les mêmes, pris à l'inverse, pour le diapason 920. Ils diffèrent l'un et l'autre proportionnellement de la colonne centrale.

157. S'il s'agit des trois colonnes intermédiaires, c'est-à-dire entre 840 et 880, différence 40, et de leurs correspondantes inverses, entre 920 et 880, la même aliquote 1/22, nous servira de base. Car, de part et d'autre, en se rapprochant de la colonne centrale, par dizaine, on diminuera cette aliquote :

Du 1/4 pour les diapasons 850 et 910 ;
De la 1/2 — 860 900 ;
Des 3/4 — 870 890.

158. Supposons que le diapason tombe entre deux colonnes, par exemple 845, et prenons pour exemple le cinquième cas, l'aliquote 11,904, calculée pour le diapason 840, diminuée de 1/4, c'est-à-dire de 2,976, donne 8,928 pour le diapason 850. C'est donc la moitié de 2,976, ou 1,488 qu'il faut retrancher de 11.904 ou ajouter à 8,928 pour avoir l'aliquote qui convient au diapason 845.

Entre **840** et **845**, nous aurions à prendre **1**, **2**, **3** ou **4** dixièmes de ce nombre **1,488**; de même, mais en sens inverse, entre **850** et **845**.

159. Ainsi, entre les limites **840** et **920**, il n'est aucun diapason pour lequel nos tableaux II, III et IV n'aient donné tous les éléments de calcul pour l'accord de l'orgue dans le système de Scheibler, et des résultats (à une seule décimale) (1) conformes aux siens.

De plus, le principe posé § 152 peut s'appliquer en-deçà et au-delà de ces limites.

160. Maintenant, nous pouvons conclure : Scheibler a rendu un véritable service à l'art musical; on lui doit de la reconnaissance : sa pratique, si ingénieuse et si sûre, est justifiée par une théorie exacte. Il s'agissait de la faire connaître sous ce rapport, et de manière que tout le monde pût la comprendre et l'apprécier. Telle est la tâche que nous avions à remplir, et nous demandons comment sa patrie, l'Allemagne si savante et si laborieuse, en a laissé le soin à un étranger (2).

---

(1) Une seule décimale étant nécessaire pour se raccorder avec le tableau de Scheibler, la concordance de nos tableaux entre eux n'est pas toujours rigoureusement exacte pour les deux décimales, parce que dans chaque tableau on procède d'une manière qui lui est particulière. L'exactitude rigoureuse eut exigé l'emploi de six décimales, comme on voit. Mémoire de M. Vincent, page 53, du tiré à part.

(2) Au moment de mettre sous presse, nous apprenons de M. Wolfel (qui croit se le rappeler), que le docteur Schafhautel a écrit sur Scheibler. Ce serait sans doute depuis le Mémoire de M. Vincent, qui avait alors tâché de recueillir tous les matériaux.

APPENDICE.

En 1837, après la mort de Scheibler, son compatriote, Loehr, fit paraître à Crefeld un écrit de quarante-cinq pages, fort substantiel, intitulé : *Sur l'invention de Scheibler en général, et particulièrement sur sa manière d'accorder le piano-forte et l'orgue.*

Après qu'il eut apprécié, dit-il, *non sans peine*, le mérite de cette belle découverte, soit par ses fréquents entretiens avec l'inventeur et les essais des fourchettes, soit par l'étude de ses écrits et ses propres calculs et expériences à l'orgue, il arrivait souvent que des amateurs le priaient de les initier. Mais ordinairement ceux-ci, ne connaissant pas assez les principes de la constitution des échelles dans leurs proportions géométrique ou tempérée, non plus que les lois physiques et mathématiques qui s'y rapportent, étaient incapables de s'approprier cette théorie.

Alors, considérant que Scheibler, dans ses écrits, avait supposé beaucoup trop de connaissances à ses lecteurs, il avait entrepris d'y suppléer, en développant les points essentiels de la théorie et de la pratique, et renvoyant, pour les détails nombreux et intéressants, aux écrits originaux,

C'est exactement le motif qui nous a fait prendre la plume. Au lieu de satisfaire à ce besoin dans toute son étendue, Loehr s'est borné à présenter très-succinctement les données de la théorie du *tempérament égal*, et à reproduire la théorie prétendue et l'application des *sons de combinaison* telle que Scheibler l'avait imaginée.

Toutefois, il était bien à propos de donner une idée de la loi du tempérament et d'en démontrer la nécessité.

Voici comment il y procède : Partant du *la* diapason 880, tantôt il monte de quinte, tantôt il descend de quarte, posant à chaque fois le nombre des vibrations dans la proportion géométrique, c'est-à-dire ajoutant la 1/2 s'il monte, retranchant le 1/4 s'il descend, dans la succession ci-après :

De *la* monter à *mi*, descendre deux fois pour *si* et *fa* ♯, monter à *ut* ♯, descendre en *sol* ♯, monter pour *ré* ♯, *mi* ♭, descendre deux fois pour *si* ♭ et *fa*, monter à *ut*, descendre pour *sol*, monter au *ré*, enfin descendre sur le *la* d'où l'on est parti.

Cette marche est facile à suivre et à calculer.

Or, il se trouve que le dernier *la*, qui primitivement était de 880, est maintenant de 892, plus une fraction de 11 décimales, que l'on peut évaluer à environ 0,09.

Donc l'accord géométrique est impraticable sur le clavier.

Nous allons indiquer une autre démonstration plus instructive, avec le secours des logarithmes.

Les logarithmes sont des nombres inventés pour la facilité des calculs. Par leur moyen, les multiplications se remplacent par des additions, les divisions par des soustractions, etc.

Nous avons présenté l'expression numérique des intervalles musicaux sous la forme de fractions ou de rapports (§ 8). Or, il a été démontré que *les intervalles musicaux sont entre eux comme les logarithmes de leurs rapports constituants*, c'est-à-dire des fractions qui les représentent. Donc, remplaçant chacun des deux termes de la fraction par son logarithme, nous aurons, par une soustraction, un seul nombre pour l'expression logarithmique de l'intervalle.

M. Delezenne, dans son écrit *sur les principes fondamentaux de la musique*, inséré dans les *Mémoires de la Société de Lille*, nous a dressé une table spéciale de logarithmes acoustiques musicaux.

Nous allons en faire usage. Il a poussé l'exactitude jusqu'à six décimales, nous n'avons besoin que de deux décimales.

Soit la quarte....... $\dfrac{4}{3}$ log.ᵉ $\begin{array}{l}111,59\\88,43\end{array}$ } 23,16 UT — FA.

Soit la tierce majeure $\dfrac{5}{4}$ » $\begin{array}{l}129,55\\111,59\end{array}$ { 17,96 UT — MI.

Donc la seconde mineure est......... 5,20 MI — FA

Or, la tierce est................. 17,96 UT — MI.

La seconde, ton..... $\dfrac{9}{8}$ log.ᵉ $\begin{array}{l}176,87\\167,39\end{array}$ { 9,48 UT — RÉ.

Donc la seconde, autre ton, est...... 8,48 RÉ — MI.

Le ton *majeur,* différence de la quarte UT — FA à la quinte
UT — SOL. .... 9,48)
                                           } 1,00 différence.
L'autre ton, *mineur*........ 8,48)

Cette différence du ton majeur au ton mineur est ce qu'on appelle
un *comma,* mot qui signifie *morceau* ou *rognure.*

Voici l'expression numérique de ce *comma :*

Le ton majeur 9/8 étant divisé par le ton mineur 10/9 (§ 54),
c'est-à-dire multiplié par 9/10, égale 81/80. C'est sur cette base
qu'est établi le tableau de M. Delezenne. C'est précisément sur cette
même base que, sans connaître cette table, nous en avions calculé une
plus abrégée pour notre usage personnel.

Le *comma* ainsi compris, sert d'unité pour évaluer et comparer tous
les intervalles musicaux, mesurer toutes les échelles et les apprécier
dans tous les systèmes de tempérament. Il n'est pas besoin d'en avoir
la table sous les yeux ; il suffit de retenir que le *ton majeur a* 9,48,
le ton mineur 1 *de moins et le demi-ton* 5,20.

On répète continuellement, sans trop savoir ce que l'on dit : *Il y a
un ton majeur de 9 commas et un ton mineur de 8 commas.* Nous

voyons ici la chose avec plus de précision et nous remontons à l'origine (§ 54).

Le ton que l'on nomme *ton de la disjonction*, différence de la quarte à la quinte, et par conséquent invariable, étant ajouté une fois à la quarte, donne la quinte, et à deux fois la quarte, donne l'octave.

$$\left.\begin{array}{l} 9,48 \\ 23,16 \end{array}\right\} 32,64 \ \text{quinte.}$$

$$23,16$$

$$\underline{\hspace{2cm}}$$

$$55,80 \quad \text{octave.}$$

Revenons au tempérament :

Accorder le clavier, équivaut à monter de douze quintes dont on déduit sept fois l'octave. Si les quintes sont justes, on a pour les douze :

$$
\begin{array}{r}
32,64 \\
32,64 \\
326,40 \\
\hline
391,68 \\
\end{array}
$$

Sept fois l'octave. 390,60

Excédant des douze quintes. . . 1,08

L'octave est fausse et ne peut rester ainsi.

Voici donc un nouveau *comma* d'environ 1/10 plus fort que le premier, et à peu près le 1/5 du demi-ton *mi-fa* qui est 5,20. On l'appelle le *comma antique* ou de Pythagore. Il est la conséquence de cette démonstration d'Euclide, dans la section du canon (voir *Meibomius*) où il prouve que l'octave ne peut contenir six tons égaux. L'autre *comma*, excédant du ton majeur sur le ton mineur, s'appelle le *comma moderne*.

Dans la science des spéculations musicales (science qui heureusement n'est nécessaire qu'à bien peu de monde), on distingue des *commas majeur, mineur, maxime* et *minime*. Ces petits intervalles, par leurs rapports, en engendrent plusieurs autres.

C'est une matière qu'ont épuisée les Marpurg, les Kiuberger, etc.; mais ils n'emploient que des fractions ou des longueurs de cordes.

Pour rendre la musique praticable sur le clavier, il faut bien faire disparaître ce *comma*, tout petit qu'il est. C'est en diminuant chacune des douze quintes de la 1/12 partie de 1,08, c'est-à-dire diminuant de 0,09, ou environ neuf fois la centième partie du cinquième de un demi-ton.

Comment l'apprécier à l'oreille! *Pourtant il faut le faire douze fois, et sans erreur*, dit Scheibler; et c'est ce qu'un sourd effectuerait avec ses fourchettes, s'il lui était possible de discerner seulement les battements.

Alors, l'octave 55,80 partagée en 12 parties égales, donne tous les demi-tons égaux, chacun à 4,65, tous les tons égaux, chacun à 9,30. Hormis l'octave, tout est faux; mais l'oreille s'y habitue, toutefois sans perdre son privilége originel de ressentir un plaisir plus vif à l'audition des intervalles justes. Ce que nous venons de dire est sans préjudice de la faculté d'altérer les sensibles sous l'influence du sentiment et de l'expression.

La transformation des rapports musicaux en nombres logarithmiques ou en unités de *comma*, permet de les représenter par des *grandeurs linéaires* et de les comparer comme on fait pour toute autre quantité de longueur.

Quel avantage ne trouve-t-on point, dans les recherches théoriques, à remplacer des fractions par des lignes, l'idée rationnelle par la sensation de la vue, le calcul par le compas! M. Delezenne, le premier, en a donné l'exemple dans le travail déjà cité. M. Vincent aussi, dans son magnifique ouvrage sur la musique grecque, pour démontrer les diverses proportions des échelles antiques, a recours aux quantités linéaires et à des logarithmes dont il a dressé une table (page 396). Seulement son *comma* n'est plus le même que celui d'Euclide. Il a l'avantage d'être contenu soixante fois juste dans l'octave.

Nous voudrions donner ici l'aperçu d'une application de cette méthode que nous avions faite nous-même, il y a plus de vingt ans, et pour laquelle le modeste et savant ingénieur hydrographe, M. Chazalan, nous avait prêté le secours de son habileté graphique.

Adoptant le *comma* 81/80, donnez-lui (pour fixer les idées) la longueur de 10 millimètres.

1.° Sur une ligne de $0^m,5580$, décrivez l'échelle d'*ut* dans ses proportions exactes, prolongez-la en haut et en bas jusqu'au *sol*. La ligne a $1^m,1160$ et renferme deux octaves. Flanquez cette échelle de ses deux mineures, savoir *ut* mineur et *la*.

2.° Sur douze bandes de papier de longueur égale à la première, décrivez douze autres groupes d'échelles, tous identiques avec le modèle, quant au tracé linéaire.

3.° A gauche du groupe d'*ut*, disposez successivement et dans leur ordre, les échelles de un à six dièses, de manière que chaque nouvelle tonique s'élève à la hauteur de la dominante de l'échelle qui est à sa droite. Pour la partie de la bande qui dépasse la limite supérieure de celle d'*ut*, rognez-la et reportez-la en bas.

4.° A droite, faites l'inverse pour les six bandes descendant par bémol.

5.° Alors les treize bandes, supposées collées sur un fond quelconque, avec quelque distance entre elles, forment un tableau quadrilatère, auquel vous ajouterez deux bordures latérales, divisées chacune en demi-tons égaux, de $0^m,0465$.

6.° Par chacune de ces divisions, vous tirez une ligne de couleur. Ces lignes traversent le champ du tableau, coupent les échelles selon le tempérament égal et font ressortir les différences.

Dans cette simple esquisse, nous passons sous silence les détails relatifs aux nombres à inscrire, à la figure des notes principales ou subordonnées, à l'indication des demi-tons dans les secondes majeures, à la division bien tranchée en deux tétracordes qu'il convient de colorer légèrement (savoir les deux qui se suivent, une fois dans chaque échelle), à la solmisation, à la manière de faire ressortir le déplacement successif des notes qui cessent de se correspondre, à la suscription des groupes, etc.

Nous observerons seulement qu'il est indispensable de tracer au-dessus de la tonique la note suivante double , savoir à la distance de ton majeur et de ton mineur (en *ut* deux *ré*), de même, au-dessus de la dominante (en **ut** deux *la*), tant pour la justesse des quartes (*la-ré* et *ré-sol*) que pour donner satisfaction aux opinions diverses sur la place du ton majeur ou mineur au-dessus de la tonique.

Les deux échelles extrêmes *fa* ♯ et *sol* ♭ qui , dans le tempérament , sont identiques, ne sont pas ici à la même hauteur. A la partie supérieure , la ligne du *fa* ♯ tonique porte le N.º 107,40, et la ligne du *sol*♭ tonique porte le N.º 106,32. Différence , le *comma* 1,08 que l'œil et le compas peuvent ainsi mesurer (presque 11 millimètres).

Avec un pareil tableau , une partition étant donnée, non-seulement on peut suivre de l'œil la modulation , comme on suit la route d'un voyageur sur une carte topographique ; mais encore, dans le cas d'une composition vocale sans accompagnement , *chantée par des voix justes ,* on peut juger si le chemin pris pour la modulation ramène les voix au point de départ. Ce tableau simplifié et réduit au tempérament égal , serait très-avantageux pour l'enseignement.

L'enseignement musical ! Que n'aurions-nous pas à dire si nous osions aborder ici un sujet d'un intérêt si grand et dont l'autorité universitaire est aujourd'hui vivement préoccupée ! Exprimons au moins nos vœux pour que, désormais, elle prépare aux esprits cultivés , qui ne veulent rien admettre , même en musique , sans y mêler un peu de philosophie , un enseignement *mixte*. Pour les artistes de profession, inévitablement et aveuglément soumis au joug pesant mais salutaire de la pratique exclusive , condition indispensable de leur succès , il ne faut rien de plus ; toute philosophie , tout esprit d'analyse est plus nuisible qu'utile (1).

---

(1) Longtemps nous avions eu d'autres idées : elles se sont rectifiées au contact d'un professeur aussi bon praticien que philosophe , et que nous eussions déjà apprécié par la qualité de ses élèves , quand même nous n'eussions pas eu nos propres impressions , M. Maleden.

Qui ne sait, d'ailleurs, que l'imagination, le sentiment et l'inspiration qui seuls, avec les habitudes techniques et le culte des grands modèles, peuvent faire les vrais artistes, s'accordent mal avec le calcul et l'analyse.

Il est pourtant certains esprits, et des esprits de premier ordre, qui, n'ayant point appris la musique dans leur enfance, à cet âge où tout s'apprend sans raisonner, mis tardivement en présence des maîtres, aiment mieux renoncer à savoir la musique que de l'apprendre ainsi.

Lille-Imp. L. Danel

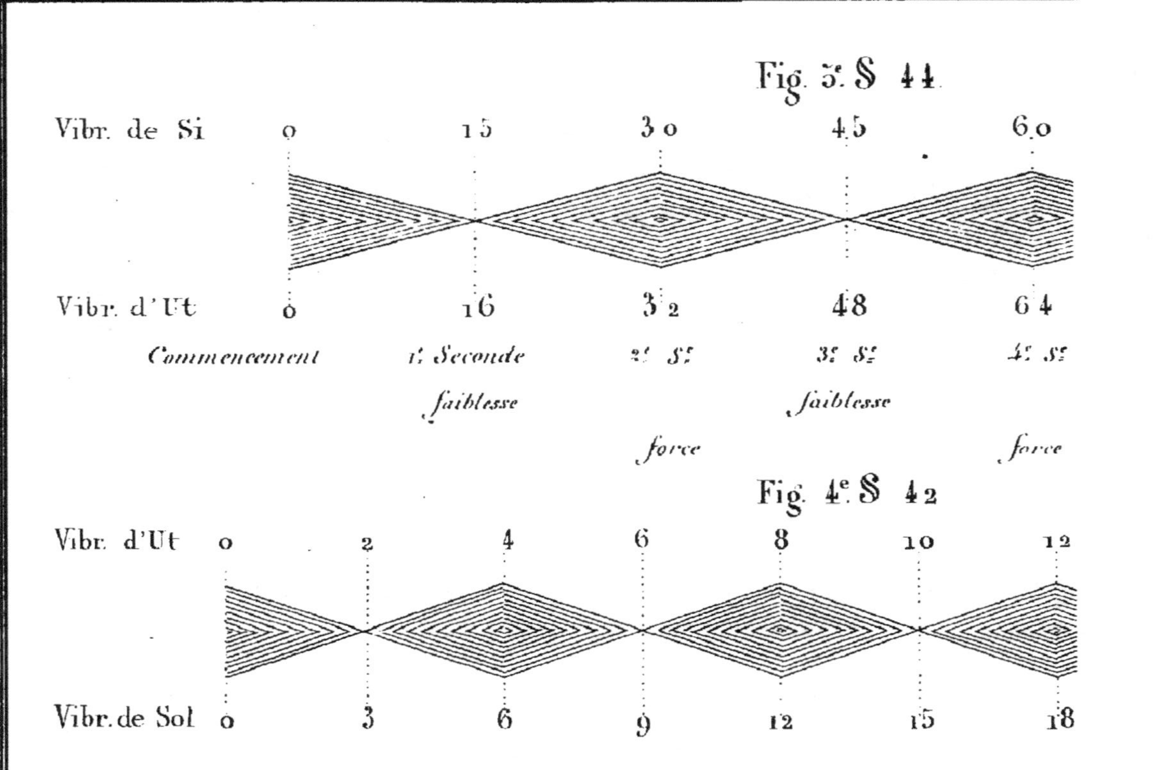

Fig. 3.e § 44
Vibr. de Si   0   15   30   45   60
Vibr. d'Ut   0   16   32   48   64
Commencement   1.e Seconde   2.e S.e   3.e S.e   4.e S.e
faiblesse   faiblesse
force   force
Fig. 4.e § 42
Vibr. d'Ut   0   2   4   6   8   10   12
Vibr. de Sol   0   3   6   9   12   15   18

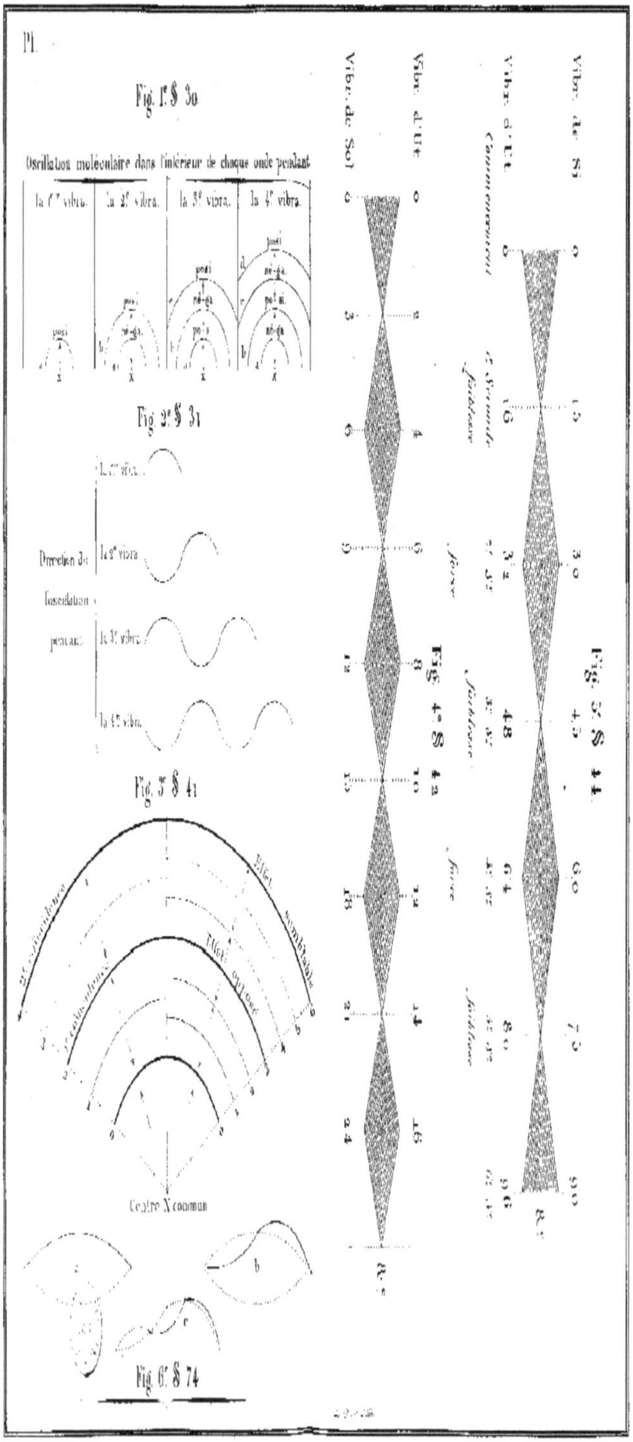

Pl.

Fig. 5. § 44

Vibr. de Si   0   15   30   45   60   75   90

Vibr. d'Ut   0   16   32   48   64   80   96

Commencement   d. Seconde   faiblesse   force   faiblesse   force   faiblesse

Fig. 4e § 42

Vibr. d'Ut   0   2   4   6   8   10   12   14   16

Vibr. de Sol   0   3   6   9   12   15   18   21   24

Fig. 1re § 30

Oscillation moléculaire dans l'intérieur de chaque onde pendant

la 1re vibra. | la 2e vibra. | la 3e vibra. | la 4e vibra.

Fig. 2e § 31

Direction de l'oscillation pendant : la 1re vibra. — la 2e vibra. — la 3e vibra. — la 4e vibra.

Fig. 3e § 41

Effet semblable — Effet opposé — Centre X commun

Fig. 6e § 74

Co- lonne 2. 860 vi- bra- tions.	Co- lonne 1. 870 vi- bra- tions.	LA nor- mal. 880 vi- bra- tions.	C lo 89(
54	54	54	
53,0	53,4	53,7	
87,3	88,4	89,4	
80	80	80	
56,0	59,0	61,9	
65,5	65,3	65,1	
61,8	64,0	66,3	
77,9	78,8	79,7	
56,0	59,0	61,9	
55,0	55,7	56,3	
80	80	80	
60	66	60	
60,3	59,1	57,8	
75,4	77,0	78,6	
60,9	61,9	63,0	
49,3	50,2	51,2	
80	80	80	

he diffèrent de ceux de

Table pour accorder l'orgue au tempérament égal, d'après un LA quelconque, rédigée par Scheibler.

Numéro	Accorder d'après le (En partageant par moitié, la différence d'une colonne à l'autre, on en aurait 17.)		Intervalles.	Colonne 4. 840 vibrations.	Colonne 3. 850 vibrations.	Colonne 2. 860 vibrations.	Colonne 1. 870 vibrations.	LA normal. 880 vibrations.	Colonne I. 890 vibrations.	Colonne II. 900 vibrations.	Colonne III. 910 vibrations.	Colonne IV. 920 vibrations.	Ton obtenu.	En montant.
1	LA	la quarte juste, puis hauss. de	2	54	54	54	54	54	54	54	54	54	mi	A
2	MI auxil.	la quarte...... desc. de	4	52,2	52,6	53,0	53,4	53,7	54,1	54,5	54,9	55,3	si	T
3	LA	la quarte...... desc. de	1	85,3	86,3	87,3	88,4	89,4	90,4	91,4	92,4	93,4	mi	T
4	LA	l'octave...... hauss. de	2	80	80	80	80	80	80	80	80	80	la	A
5	LA auxil.	la tierce majeure.. hauss. de	2	50,0	53,0	56,0	59,0	61,9	64,9	67,9	70,9	73,8	ut²	T
6	"	la quarte...... desc. de	4	65,8	65,6	65,5	65,3	65,1	64,9	64,8	64,6	64,4	ré	T
7	"	la sixte majeure.. hauss. de	3	57,3	59,5	61,8	64,0	66,3	68,6	70,9	73,1	75,4	fa²	T
8	RÉ	la quarte...... hauss. de	1	76,0	76,9	77,9	78,8	79,7	80,6	81,5	82,4	83,3	sol	T
9	LA auxil.	la dixième...... hauss. de	2	50,0	53,0	56,9	59,0	61,9	64,9	67,9	70,9	73,8	ut²	T
10	UT♯	la quarte...... desc. de	2	53,8	54,4	55,0	55,7	56,3	56,9	57,6	58,3	58,9	sol²	T
11	LA	la dixième...... desc. de	2	80	80	80	80	80	80	80	80	80	fa	A
12	FA auxil.	la quarte...... desc. de	4	60	60	60	60	60	60	60	60	60	si♭	A
13	SI♭ auxil.	la quarte...... hauss. de	3	62,7	61,5	60,3	59,1	57,8	56,6	55,4	54,2	53,0	mi♭	T
14	FA auxil.	la quarte...... desc. de	3	72,4	73,8	75,5	77,0	78,6	80,2	81,9	83,5	85,1	si♭	T
15	"	la quinte...... desc. de	3	58,7	59,8	60,9	61,9	63,0	64,1	65,2	66,2	67,3	ut	T
16	"	l'octave...... desc. de	3	47,4	48,3	49,3	50,2	51,2	52,1	53,0	54,0	54,9	fa	T
17	"	la tierce majeure.. hauss. de	2	80	80	80	80	80	80	80	80	80	la	T

NOTA. — Les figures au milieu sont celles qu'on doit obtenir. Les notes indiquées par un numéro d'ordre en descendant.

NOTA. Les chiffres sont ici ceux du tableau de M. Vincent, page 70. Ils ne diffèrent de ceux de Scheibler que dans les trois cas ci-après, savoir : N° 2, colonnes 890 et 900, Scheibler écrit : 54,3 et 54,6. — Au N° 8, colonne 880, il était : 79,6.

mal, en deux parties, qui, par l'application de la théorie des
par Scheibler, d'une manière empirique, dans son Tableau
és ici seulement pour le diapason 880 vibr.

TABLEAU NORMAL.

TAVE INFÉRIEURE DU DIAPASON (§ 138.)

invariable quel que soit le diapason.

rie, il n'y avait aucun inconvénient à briser l'ordre des opérations

al de Scheibler que celui-ci doit expliquer.

E	F	G	H	I	J	K
Nombre de vibrations attribuées arbitrairement par Scheibler à ces mêmes tuyaux, en vertu des auxiliaires. (§ 139.)	Différence en plus ou en moins des vibrations entre les colonnes D et E, sur la corde supérieure ou sur la corde inférieure.	Nombre de vibrations qui, sur le même intervalle, col. B, et par l'altération en plus ou en moins, col. F, sur la corde inférieure ou supérieure, donnerait 1 battement au N° 60. (Tableau § 102.)	Nombre de battements que donnerait la différence en vibrations, colonne F, en proportion du nombre fixé par la colonne G. —— Calcul proportionnel inverse. Diviser le chiffre de la colonne F par le chiffre de la colonne G.	Nombre de batte-ment arbi-traire que l'on veut avoir pour les compter plus faci-lement.	Degré du pendule auquel on obtiendra le nombre des battements désiré. —— Calcul : Proportion inverse avec les nombres de la colonne G. Multiplier colonne H par 60, et diviser par colonne I.	Preuve : Coeffi-cient de la co-lonne F, ou nombre qui, en la multi-pliant, donne la co-lonne J.
v.	v.	batt.	batt.	batt.	d.	
660,900	+ 0,900	1/2	1.800	+ 2	54,00	60
442,667	+ 2,667	1	2,667	+ 2	80,00	30
350,933	— 1,067	2/5	2,667	— 2	80,00	75
465,244	(*) + 2,667	2/3	4,000	— 4	60,00	22,5
440,000	— 1,333	1/2	2,666	+ 2	80,00	60

l'impression. Le chiffre y est : 2,676, ce qui, par 22,5, donnerait 60,21.

Tableau N.° II, § 142. *Premier Tableau d'accord ou Tableau normal, en deux parties, qui, par l'application de la théorie des §§ 87 à 108, vérifie les résultats trouvés par Scheibler, d'une manière empirique, dans son Tableau général pour l'accord de l'orgue, considérés ici seulement pour le diapason 880 vibr.*

PREMIÈRE PARTIE DU TABLEAU NORMAL.

ACCORD DES TUYAUX AUXILIAIRES ET DE L'OCTAVE INFÉRIEURE DU DIAPASON (§ 138.)

Nota. Le résultat final ou colonne J, est invariable quel que soit le diapason.

Observation. Les deux parties de ce tableau n'étant que de pure théorie, il n'y avait aucun inconvénient à briser l'ordre des opérations successives, tel qu'il est établi au tableau général de Scheibler que celui-ci doit expliquer.

Numéro d'ordre des opérations	A — Nom des tuyaux, point de départ et nombre de vibrations qu'ils contiennent.	B — Nom de l'intervalle à accorder : Rapport à calculer. Le second chiffre représente toujours le tuyau à accorder.	C — Fraction du premier chiffre qu'il faut ajouter ou qu'il faut retrancher.	D — Nom du tuyau à accorder (tuyaux auxiliaires, sauf le premier).	E — Nombre de vibrations attribué par Scheibler à ces mêmes tuyaux (§ 139.)	F — Différence en plus ou en moins des vibrations entre les valeurs D et E.	G — Nombre de vibrations qui, sur le même auxiliaire, col. B, et par l'altération en plus ou en moins, col. F, donneraient à l'instrument au N° 60. (Tableau § 109.)	H — Nombre de battements que donnerait la différence en vibrations, colonne F, en proportion du nombre fixé par la colonne G. Calcul proportionnel inverse.	I — Nombre de battement arbitraire que l'on veut avoir pour les compter plus facilement.	J — Degré du pendule auquel on obtiendrait ou obtiendrait le nombre des battements désiré.	K — Preuve : Coefficient de la colonne F.
	v.			v.	v.	c.	batt.	batt.	batt.	d.	
1	LA diap. 880,000	Quarte infr. 4:3	Retr. 1/4	MI A 660,000	660,900	+ 0,900	1/2	1,800	+ 2	54,00	60
4	Id.	Octave infér. 2:1	Retr. 1/2	LA A 440,000	442,667	+ 2,667	1	2,667	+ 3	80,00	30
11	Id.	Dix. maj. inf. 5:2	Retr. 3/5	FA A 352,000	356,933	— 1,067 (*)	2/5	2,667	— 3	80,00	75
12	FA aux.re 356,933	Quarte sup. 3:4	Ajout. 1/3	SI♭ A 467,911	465,244	+ 1,667	2/3	1,600	— 4	60,00	22,5
17	Id.	Tierce maj. s. 4:5	Ajout. 1/4	LA T 438,667	440,000	— 1,333	1/3	1,666	+ 2	80,00	60

(*) Le tableau donné par M. Vincent, page 69 du tiré à part, présente ici une faute d'impression. Le chiffre y est : 2,676, ce qui, par 22,5, donnerait 60,21.

X TEMPÉRÉS, D'A

résultat final ou colon

ir : les 3.ᵉ, 8.ᵉ et 1

re tuyau tempéré. Po

lcul à faire.

urs sur un auxiliaire.

ue. (Voir le second t

D

Nom des tuyaux temp
et
nombre de vibratio
calculées
pour la proportio
géométrique.

			v.
4	SI	T	495,6
4	MI	T	660,0
4	UT ♯	T	553,3
3	RÉ	T	590,2
3	FA ♯	T	737.7
3	SOL	T	783,1
2	UT ♯	T	1106,6
4	SOL ♯ LA ♭	T	831,5
3	MI ♭	T	620,3
3	SI ♭	T	467,9
2	UT	T	526,4
	FA	T	701,8

Tableau N.° III, § 146.

SECONDE PARTIE DU TABLEAU NORMAL.

ACCORD DES TUYAUX TEMPÉRÉS, D'APRÈS LA THÉORIE DES §§ 143 à 146.

Nota. Le résultat final ou colonne J varie suivant les diapasons.

De ces douze opérations, il y en a trois seulement, savoir : les 3.e, 8.e et 10.e, dans lesquelles il ne soit point fait usage des tuyaux auxiliaires, et où : on accorde un tuyau tempéré au moyen du diapason ou d'un autre tuyau tempéré. Pour ces seuls cas, quel que soit le diapason, le résultat de la colonne J ne varie que dans la proportion des diapasons; il n'y a pas d'autre calcul à faire.

Dans les neuf autres cas, le tuyau tempéré s'accorde toujours sur un auxiliaire. Ce sont les seuls pour lesquels il ait été nécessaire de dresser une formule calculée pour la conversion de la colonne J pour un diapason quelconque. (Voir le second tableau d'accord, tableau N.° IV.)

A	B	C	D	E	F	G	H	I	J	K
Numéro de l'opération. Point de départ.	Intervalle à accorder.	Opération à faire.	Nom des tuyaux tempérés et nombre de vibrations calculées pour la proportion géométrique.	Intervalle tempéré, Tableau § 136.	Différence.	Nombre de vibrations pour 1 battement au N° 64.	Nombre de battements que donnerait la différence.	Nombre de battements que l'on veut avoir.	Degré du pendule auquel on les obtiendra.	Coefficient.
1 MI aux. 650.909	Quarte inf. 4:3	Retr. 1/7	SI T 495.673	493.884	− 1.791	1/2	3.582	− 4	53.73	30
3 LA diap. 880.000	Quarte inf. 4:3	Retr. 1/7	MI T 660.000	659.255	− 0.745	1/2	1.490	− 1	89.70	120
5 LA aux. 442.667	Tierce maj. s. 4:5	Ajout. 1/4	UT♯ T 553.333	554.365	+ 1.032	1/2	2.064	+ 2	61.92	60
6 Id.	Quarte sup. 3:4	Ajout. 1/3	RÉ T 590.222	587.329	− 2.893	2/3	4.339	− 4	65.09	22.5
7 Id.	Sixte maj. s. 3:5	Ajout. 2/3	FA♯ T 737.778	739.989	− 2.211	2/3	3.316	+ 3	66,33	30
8 RÉ 587.329	Quarte sup. 3:4	Ajout. 1/3	SOL T 783.105	783.991	+ 0.886	2/3	1.329	+ 1	79,71	90
9 LA aux. 442.567	Dixième maj. 2:5	Ajout. 3/4	UT♯ T 1106,667	1108.730	+ 2.063	1	2.063	+ 2	61.92	30
10 UT♯ 1109.731	Quarte inf. 4:3	Retr. 1/4	SOL♯ / LA♭ T 831.548	830.609	− 0.939	1/2	1.878	− 2	56.34	60
13 SI aux. 465.244	Quarte sup. 3:4	Ajout. 1/3	MI♭ T 620.326	622.253	+ 1.927	2/3	2.890	+ 3	57,81	30
14 FA aux. 350.933	Quarte sup. 3:4	Ajout. 1/3	SI♭ T 467.911	466.461	− 1.717	2/3	2.620	− 2	78.61	15
15 Id.	Quinte sup. 2:3	Ajout. 1/2	UT T 526.400	523.254	− 3.149	1	3.149	− 3	62.98	10
16 Id.	Octave sup. 1:2	Doubler.	FA T 701.867	698.456	− 3.411	2	1.705	− 2	51.16	15

alcul pour l'accor...
s neuf cas où l'on...
eur géométrique du so...

E Consonnance dans sa valeur tempérée.	Diffé...
v. 493,884	1
554,365	4
587,329	0
739,989	6
1108,730	8
622,253	3
466,164	3
523,251	1
698,456	5

la minuscule a) se rapp...

Tableau N.° IV destiné à démontrer la formule de calcul pour l'accord de l'orgue, à un diapason quelconque, au-dessus ou au-dessous du diapason normal 880, dans les neuf cas où l'on part d'un auxiliaire, avec application aux diapasons 840 et 920.

Nota. La lettre G indique la valeur géométrique du son, et la lettre A indique la différence qui lui est attribuée pour l'auxiliaire.

Numéro	Nature de la différence (en plus ou en moins)		C — Calcul à faire	D — Consommage à accorder dans sa valeur géométrique, ainsi que la différence		E — Consommage dans sa valeur récupérée	F — Différence	K — Coefficient	H — Évaluation en degrés de pendule	a — Aliquote à ajouter ou à retrancher	J — Degrés du pendule pour les diapasons 880 (b)	840 (c)	920 (d)	I — Nombre de battements, le même dans tous les diapasons
		v		x		..	c		d	d	d	d	d	Batt.
2	MI G	669,000	Retr. 1/4	SI	595,100	493,883	1,116	30	33,480	1,522	53,71	52,94	55,35	− 4
	A +	0,900			0,375				20,350					
3	LA G	140,000	Ajout. 1/4	UT♯	550,100	551,365	5,365	60	261,900	11,904	61,92	50,02	73,82	+ 2
	A +	2,667			3,134				200,050					
6	LA G	140,000	Ajout. 1/3	RÉ	586,666	587,329	0,563	22,5	15,917	0,678	65,09	65,77	64,41	− 4
	A +	2,667			3,556				50,010					
7	LA G	150,000	Ajout. 1/3	FA♯	733,333	739,989	6,656	30	199,680	9,076	66,33	57,75	75,54	+ 3
	A +	2,667			4,445				133,350					
9	LA G	150,000	Ajout. 3/2	UT♯	1100,000	1105,530	8,730	30	261,900	41,904	61,92	50,02	73,82	+ 2
	A +	2,667		(dixième)	6,667				200,010					
13	SI♭ G	469,333	Ajout. 1/3	MI♭	625,778	622,253	3,525	30	105,750	1,805	57,81	64,65	53,04	+ 3
	A	5,069			5,632				163,560					
14	FA G	352,000	Ajout. 1/3	SI♭	469,333	466,164	3,169	45	142,605	6,482	78,61	72,13	87,09	9
	A	4,067			4,523				61,035					
15	FA G	352,000	Ajout. 1/4	UT	528,000	523,251	1,749	10	95,960	4,317	62,98	58,66	67,59	− 3
	A	4,067			1,500				32,900					
16	FA G	352,000	Doubl. oct.	FA oct. 704,000		698,656	5,354	15	83,160	3,780	51,16	47,38	54,94	− 2
	A −	1,067			2,134				32,010					

Nota. Les lettres alphabétiques en tête des colonnes (sauf la minuscule a) se rapportent aux colonnes des tableaux qui précèdent.